Richard Hilble

Kois

Fotos: Christine Steimer

Zeichnungen: György Jankovics

INHALT

TYPISCH KOIS

- Genießen warme Sommer.
- Sind immer hungrig.
- Sehr zutraulich zum Mensch.
- Lieben Geselligkeit im Schwarm.
- Stellen hohe Ansprüche an ihren Lebensraum.
- Unzählige Farbvariationen.
- Haben unterschiedlichen Charakter.
- Wachsen nicht gleich schnell.
- Majestätische Bewegungen.
- Keine starke Vermehrung.

Kois lieben im Sommer warmes Wasser und sind stets auf der Suche nach etwas Freßbarem. Durch diese typische Eigenschaft werden sie sehr schnell zutraulich und können aus der Hand gefüttert werden. In jedem Badeteich wird der Koi somit zur Attraktion!
Da Kois sehr groß werden können, unterscheiden sie sich grundsätzlich von allen anderen Gartenteichfischen. Die langsamen Schwimmbewegungen wirken auf den Menschen sehr beruhigend und entspannend. Ihre Neugier läßt sie niemals langweilig werden – man kann ihnen einfach immer zusehen!
In lebhafter Farbzusammenstellung geben Kois jedem Gartenteich ein besonderes Flair.
Eine optimale Wasserqualität ist Grundvoraussetzung für die Haltung, da Kois keine gewöhnlichen Karpfen sind, sondern edle Rassefische.

ENTSCHEIDUNGSHILFEN

1 Kois sind Teichfische und können eine beträchtliche Länge erreichen. Deshalb benötigen sie große und tiefe Teiche mit Strom, Wasserzu- und -ablauf, wenn möglich in der Nähe des Wohnhauses.

2 Biotopteiche sind ungeeignet, denn Kleinlebewesen und Pflanzen werden aufgefressen. Bei zu geringer Wassertiefe ist eine Überwinterung der Fische nicht möglich.

3 Der Bau und Unterhalt eines Koiteiches ist nicht gerade billig. Außerdem kommt mit Strom und Frischwasser einiges an Aufwendungen zusammen.

4 Kois machen viel Schmutz, benötigen aber saubere Teiche. Man kann durch gut geplante Technik viel Zeit einsparen, doch es entsteht immer ein gewisser Zeitaufwand für die Wartung der Anlage.

5 Teiche können für Kinder und manches Haustier gefährlich sein. Denken Sie deshalb bitte an geeignete Absperr- und Sicherheitsmaßnahmen.

6 Ein paar Tage können Sie Ihre Lieblinge alleine lassen, aber für längere Zeit benötigen Sie jemanden, der mit der Anlage vertraut gemacht wird und hin und wieder nach dem Rechten schaut.

7 Schöne, qualitativ hochwertige Kois sind teuer, und Ihr Kennerauge wird von Tag zu Tag besser! Sind Sie bereit, für gute Kois auch mal tiefer in die Tasche zu greifen?

8 Wird ein Koi krank, dann benötigen Sie eventuell einen Tierarzt, der sich mit Fischen auskennt.

9 Kois nehmen oft einen großen Teil des Gartens und der Freizeit ein. Sind alle Familienmitglieder damit einverstanden?

10 Kois können sehr alt werden, etwa 30 bis 40 Jahre. Sie sind also eine Anschaffung für eine lange Zeit.

Kois lieben die Gesellschaft von Artgenossen, auch wenn es sich nicht um einen typischen Schwarmfisch handelt. So kommt es auch vor, wenn ein Fisch in ein separates Behältnis gesetzt wird, daß er sich dort unwohl fühlt. Ein Begleitfisch löst meist schon das Problem. Bei guter Pflege und viel Platz können die Kois viel Gewicht und Länge zulegen und deshalb einiges an Ausscheidungen produzieren. Somit ist es unumgänglich, daß Filter und Pumpen Tag und Nacht im Einsatz sind. Um die Unterhaltskosten des Teiches niedrig zu halten, kommt es im wesentlichen auf die Pumpen an. Hier muß der Stromverbrauch und die angegebene Leistung genau verglichen werden. Billig-Pumpen haben sich erfahrungsgemäß nicht bewährt!

Auch eine sonnige und warme Lage des Teiches wirkt sich positiv auf die anfallenden Energiekosten aus.

HERKUNFT UND KOI-VARIANTEN

Die schönsten und besten Kois kommen nach wie vor aus Japan. Dies ist nicht zuletzt dem Engagement der japanischen Züchter zu verdanken, die mit Bestimmtheit und Ausdauer ständig daran arbeiten, immer noch schönere und bessere Kois zu züchten.

Japan – Ursprungsland der Kois

Nishikigoi, so werden die farbenprächtigen Kois in ihrem Ursprungsland Japan genannt. Sie symbolisieren dort Glück, Erfolg, Tapferkeit und langes Leben. Der Ursprung der Farbkarpfen liegt nunmehr etwa 200 Jahre zurück. Stammform der Kois ist der Wildkarpfen (*Cyprinus carpio*). Hauptzuchtgebiet ist die bergige Provinz Niigata, die ungefähr 250 km westlich von Tokio liegt. Durch einen Zufall der Natur entstanden damals in dieser Gegend einige Farbmutationen. Mit diesen Mutanten wurde der Grundstein für die Zucht des heute so beliebten Koi gelegt.

Von Jahr zu Jahr werden immer bessere und größere Kois gezüchtet, sogar bis zu der beachtlichen Länge von 1 m und bis zu einem Gewicht von 15 bis 20 Kilogramm. Zu der damaligen Zeit hätte keiner der Fischzüchter gedacht, daß die Kois eine solche Popularität erlangen würden und so stolze Preise erzielen könnten.

Die eigentliche Produktion der »Nishikigoi« hat sich bis heute nicht verlagert – abgesehen von ein paar wenigen Ausnahmen, die im Süden Japans zu finden sind. Sonst werden alle original japanischen Kois in der Niigata-Präfektur gezüchtet. Jedes Jahr im Herbst werden dort die Naturteiche in gemeinschaftlicher Zusammenarbeit der Züchterfamilien abgefischt, um die Tiere danach Händlern und privaten Reisegruppen aus der ganzen Welt anzubieten.

Ein wohlproportionierter »Jumbo-Koi« in neugieriger Erwartung.

Nachzucht weltweit

Kois werden seit einigen Jahrzehnten überall auf der ganzen Welt nachgezüchtet, besonders stark in Israel und Europa. Dort erreichen sie jedoch bei weitem nicht die hohe Qualität und Klasse der aus dem Ursprungsland Japan stammenden Farbkarpfen.

Europäische Nachzuchten sehen als Jungfische zwar hübsch aus. Legen sie jedoch an Länge zu, so bilden sich oft nicht erwünschte kleine schwarze Farbpigmente auf dem Körper, sogenannte »Shimmi«. Auch bei der Körperform und Beflossung erreichen sie meist keine hohe Qualität.

Hinweis: Trotz oberflächlicher Ähnlichkeit haben Goldfische und Kois nicht den gleichen Ursprung. Stammform der Goldfische ist die Goldkarausche (*Carassius auratus*).

Beschuppungsvarianten

Unabhängig von der Farbbezeichnung unterscheiden wir 2 Beschuppungsvarianten:

✔ Die Vollbeschuppten gleichen dem ursprünglichen Wild- oder Schuppenkarpfen. Sie erfreuen sich größerer Beliebtheit als die teilbeschuppten Kois.

✔ Die Teilbeschuppten erinnern an den Speise- oder Spiegelkarpfen. Sie sind deutschen Ursprungs und werden deshalb auch von den Japanern »Doitsu« (= Deutscher) benannt. Unsere Mönche im Mittelalter haben den Speisekarpfen so gezüchtet, um ihn weniger entschuppen zu müssen und besser essen zu können.

✔ Bei der sogenannten Ginrin-Beschuppung trägt jede einzelne Schuppe einen metallischen Glanz, der im Licht der Sonne glitzert. Diese Kois sind besonders schön.

Die Farbvarianten

Ob vollbeschuppt, teilbeschuppt oder Ginrin-Beschuppung, Kois gibt es in allen Farben. Keine anderen Kaltwasserfische kommen in so vielen Farbkombinationen vor wie Kois. So ist es mir hier leider nicht möglich, alle im einzelnen zu beschreiben. Im folgenden führe ich die wichtigsten auf, aus denen sich alle weiteren Farbvarianten ableiten lassen.
Die verschiedenen Farbvariationen der Kois haben japanische Bezeichnungen, unter denen sie auf der ganzen Welt bekannt sind.

Kohaku

Beliebteste Variante in Japan ist ein weißgrundiger Fisch mit roter Zeichnung. Diese Farbzeichnung wird in 2 Hauptgruppen gegliedert:

1. Durchgezogenes Farbmuster, wird auch »Moyo« genannt.

2. Geteiltes Farbmuster, wird auch als »Dangara« bezeichnet. Es wird von den Japanern höher bewertet.

✔ Das Rot liegt fleckenförmig auf dem sauberen weißen Körper. Wird es unterteilt in
2 Flecken, heißt die Variante Nidan,
3 Flecken, heißt die Variante Sandan,
4 Flecken, heißt die Variante Yondan.

✔ Auf der Stirn liegt nur ein roter, kreisrunder Fleck. Der sogenannte Tancho Kohaku ist in Japan ganz besonders beliebt.

✔ Die rote Zeichnung stellt eine durchgezogene Schlangenlinienform dar. Diese Variante wird »Inazuma« genannt.

Beim Kohaku ist ein reines, strahlendes Weiß erwünscht - das Rot soll dicht, kräftig und sauber abgegrenzt sein. Die rote Farbe darf nicht auf Flossen, Augen oder am Ende des Schwanzstiels erscheinen. Ein sauberes weißes Gesicht ist ebenso erwünscht.

Kois mit unterschiedlicher Beschuppung: links vollbeschuppt, rechts teilbeschuppt.

Taisho-Sanke

Dies ist ein weißgrundiger Koi mit roter und schwarzer Zeichnung. Wie beim Kohaku sollte die Grundfarbe ein strahlendes, sauberes Weiß sein, von dem sich die roten und schwarzen Flecken kräftig abgrenzen.
Eine gelbliche Grundfarbe der Haut kann nicht akzeptiert werden. Die rote sowie schwarze Farbzeichnung wirkt wie von oben aufgelegt.
Als besonderes Schönheitsmerkmal für die Variante Sanke gilt, wenn sich die Schwarzzeichnung auf weißem Grund befindet und an die größeren roten Flecken angrenzt. Im Kopfbereich sollte kein Schwarz vorkommen, dagegen kann in Brust- und Schwanzflossen das Schwarz in feinen Streifen erscheinen.
Tancho Sanke, eine seltenere, aber durchaus hübsche Farbvariante, trägt einen roten Kopffleck und auf dem Körper nur schwarze Wölkchen.

TIP

Beurteilung allgemein

Um Kois gut beurteilen zu können, muß man sich schon ein Weilchen damit beschäftigen. Das beginnt damit, daß Sie sich durch Fachliteratur schlau machen, Fotos oder Poster genau studieren und hin und wieder auch bei verschiedenen Koi-Händlern vorbeischauen. Schon bald werden Sie größere Unterschiede bei den Fischen feststellen können.
Machen Sie jedoch nicht den Fehler, die angebotenen Farbkarpfen mit den Ausstellungssiegern auf Kalendern oder Postern zu vergleichen, denn diese Klasse ist finanziell kaum mehr erschwinglich.

Showa Sanshoku

Auf schwarzem Grund trägt der Koi eine rote und weiße Zeichnung. Das Schwarz verläuft vom Bauch her zum Rücken und sollte am Kopf sowie an den Flossenansätzen erscheinen. Die schwarzen Brustflossenansätze, genannt »Motoguru«, sind besonders geschätzt. Die roten und weißen Zeichnungen sollten klar abgesetzt sein, der Weißanteil davon sollte etwa 20 % vom gesamten Farbanteil in Anspruch nehmen. Insgesamt wirkt der Showa sehr dunkel und farbintensiv.
Auf eine ausgeprägte, intensive Kopfzeichnung wird großer Wert gelegt. So sind zum Beispiel eine Blitzzeichnung, »Menwore« genannt, oder eine »V-Musterung« bei dieser Farbvariante sehr beliebt.
Auch bei dieser Farbvariante gibt es den Tancho. Der Kopffleck muß hier nicht rund sein und darf auch schwarz durchzogen sein - im restlichen Körper erscheint kein Rot mehr, und das Schwarz scheint kräftig durch die Haut.

Utsuri

Dies ist ein zweifarbiger Koi mit kräftiger schwarzer Grundfarbe, ähnlich wie beim Showa. Auch hier sind die schwarzen Brustflossenansätze und ein schwarzes Blitzmuster im Kopf sehr beliebt. Die schwarze Zeichnung wirkt insgesamt eher markant und graphisch. Je nach ergänzender Farbe ergeben sich andere Farbvarianten:

- ✔ Weiß: Shiro-Utsuri
- ✔ Gelb: Ki-Utsuri
- ✔ Orange/metallisch glänzend: Kin-Ki-Utsuri
- ✔ Rot: Hi-Utsuri.

Das Schwarz sollte sauber abgegrenzt sein und ungefähr 40 % Anteil haben, die zweite Farbe etwa 60 %. Bei einem strahlenden Weiß wirkt der Kontrast zum Schwarz besonders gut.

IM PORTRÄT: KOIS

Es gibt unzählige Farbvariationen bei Kois, die alle verschiedene Bezeichnungen – immer auf japanisch – haben. Die wichtigsten Hauptgruppen sind auf den folgenden Bildern dargestellt.

Foto oben: Doitsu Kujaku, Koi mit metallischer Haut, der mindestens zwei Farben trägt.

Foto oben: Kohaku, weißgrundiger Koi mit roter Zeichnung.

Foto rechts: Showa Sanshoku, schwarzgrundiger Koi mit rot-weißer Zeichnung.

Foto unten: Doitsu Shiro Bekko, Koi mit teilbeschuppter weißer Grundfarbe und schwarzer Zeichnung.

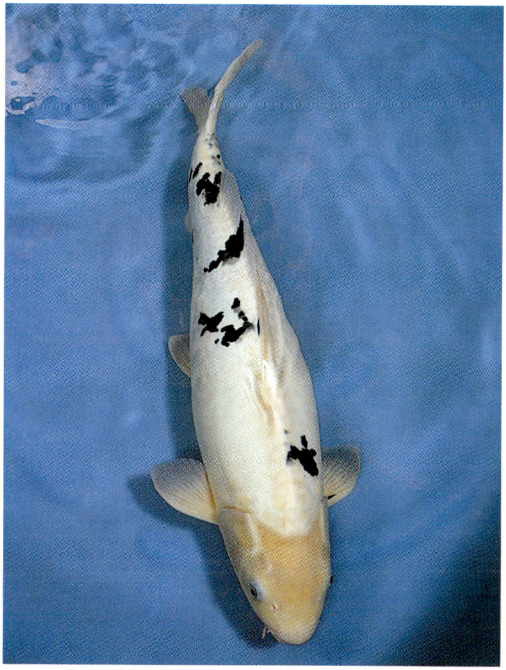

Foto rechts: Shiro Utsuri, schwarzgrundiger Koi mit weißer Zeichnung.

Foto oben: Kujaku hat metallische Haut mit starken »Matsuba-Schuppen«.

Foto links: Akka Sanke, Koi mit weißer Grundfarbe und überwiegend roter Zeichnung mit schwarzen Flecken.

Bekko
Die Farbvariante Bekko gibt es mit 3 verschiedenen Grundfarben:

✔ Weiß: Shiro Bekko
✔ Gelb: Ki Bekko
✔ Rot: Akka Bekko.

Auf der Grundfarbe liegt das Schwarz locker verteilt wie kleine Wölkchen, beginnend hinter dem Kopf bis kurz vor dem Schwanz. Am Kopf ist keine schwarze Zeichnung erwünscht, jedoch dürfen die Brustflossen feine schwarze Streifchen haben.

Ogon
Unter diesem Namen sind alle einfarbigen Kois mit glänzender Haut zusammengefaßt. Es gibt die Varianten Weiß (Platinum Ogon), Hellgelb (Ogon), Goldgelb (Yamabuki Ogon) und Orange (Orenji Ogon).
Die Farben sollten möglichst rein und kräftig sein – graue Schimmer an Kopf und Rücken sind störend. Auf eine gleichmäßige Schuppung sollte besonderer Wert gelegt werden. Schöne Ogon sind keinesfalls schlechter zu bewerten als ihre mehrfarbigen Kollegen, ganz im Gegenteil – große Yamabuki- oder Orenji Ogon sind für jeden Koi-Liebhaber eine Augenweide.

Kujaku
Das sind Tiere mit stark glänzender Haut, zwei- oder dreifarbig gestaltet. Als Qualitätszeichen gilt, wenn die Schuppen stark dunkel bis nahezu schwarz abgesetzt sind.
Bei dieser Variante sind die Doitsu (Teilbeschuppten) besonders attraktiv und begehrt. Wichtiges Kriterium dieser interessanten Kois ist ein sauberer Kopf ohne graue Schatten.

Asagi
Diese Fische haben eine hell- bis mittelblaue Färbung, kombiniert mit Orangerot, das sich vom Bauch bis zu den Kiemendeckeln erstreckt und ebenso in den Flossen erscheint.
Asagis sind immer vollbeschuppt und zeichnen sich durch ein gleichmäßiges Schuppennetz aus. Der Kopf und die Schwanzflosse sollte in sauberem Creme erscheinen.
Bei kleinen Asagis ist der Kopf etwas durchscheinend und wird erst beim großen Koi »dicht«.

Shusui
Dieser Typ hat die gleichen Farben wie der Asagi, allerdings ist er im Gegensatz dazu immer teilbeschuppt. Die dunkelblaue Schuppenreihe entlang des Rückens sollte hinter dem Kopf beginnen und bis zum Schwanzstiel reichen.

Beurteilung der Körperform in der Draufsicht: oben schlecht, unten optimal.

Diese Variante gibt es mit unterschiedlichem Farbgewicht. Traditionell ist sie nur rot am Bauch mit hellem Blau am Rücken. Es gibt sie jedoch auch komplett in Rot bis auf die dunkle Schuppenreihe auf dem Rücken. Diese Variante wird als Hi-Shusui bezeichnet.
Shusui und Asagi sind sehr schöne und beliebte Fische. Sie werden aber leider mit zunehmendem Alter gerne etwas dunkler.

Chagoi und Ochiba Shigure

Immer beliebter werden auch die Varianten Chagoi (Braun) oder Ochiba Shigure (Grau mit Braun). Die gedeckten Erdfarben reichen von Grünlich über Grau bis hin zu Schokoladenbraun.
Von diesen Farbvarianten braucht man zwar keine 10 Stück im Teich, aber ein einzelnes Tier, das als ruhender Pol die anderen Farbvarianten ergänzt, ist faszinierend. Diese Form ist fast immer handzahm – ein Verhalten, das sich gerne auf die restlichen Kois in Ihrem Teich überträgt – und wächst überraschend schnell.

Die Bewertung der Körperform

Kois werden immer von oben beurteilt. Auf den ersten Blick müssen die Tiere insgesamt harmonisch erscheinen.

- ✔ Eine schöne, wohlgenährte Körperform ist Grundvoraussetzung und wichtigstes Kriterium von Kois. Diese zählt bei Bewertungen der Kois bis zu 50 % der Klasse. Optimal ist ein voller, rundlicher Körper, der trotzdem noch langgestreckt wirkt. Beide Seiten, von der Rückenflosse aus gesehen, sollten gleichmäßig verlaufen. Auch an Kopf und Nacken sollte sich keine zu starke Auswölbung, ein sogenannter Stiernacken, befinden. Selbst bei guter Ernährung darf der Bauch nicht durchhängen.
- ✔ Bei Betrachtung von oben können Sie Ihren Koi in fünf Abschnitte einteilen: Kopf, Nacken, Rücken, Schwanzstiel und Schwanz. Jeder Teil sollte erkennbar sein.

Eine gleichmäßige Farbaufteilung von Kopf zum Schwanz wird gut bewertet.

- ✔ Saubere, dichte und gut abgegrenzte Farben sind wichtig.
- ✔ Die Farbaufteilung sollte gleichmäßig von Kopf bis Schwanzansatz verlaufen und eine gewisse Ruhe ausstrahlen.
- ✔ Achten Sie auch einmal auf den Ausdruck des Gesichtes – es sollte ansprechend auf Sie wirken!
- ✔ Die Flossengröße und die farbigen Ansätze derselben sollten auf beiden Seiten gleich sein.
- ✔ Die Schuppen müssen gleichmäßig auf beiden Körperseiten angeordnet sein.
- ✔ Paarige Flossen, wie Bauch- oder Brustflossen, müssen gleichmäßig sein und dürfen nicht zu groß ausfallen. Die Rückenflosse sollte gut ausgeprägt sein und nicht in den Schwanzstiel ragen. Runde Brustflossen wirken immer eleganter als spitzzulaufende. Zu stark verknöcherte Flossen sind ebenfalls nicht von Vorteil.

IM PORTRÄT: KOIS

Foto rechts: Ginrin Orenji Ogon, einfarbig orangefarbener Koi mit Glitzerschuppen.

Foto oben: Ginrin Tancho Kohaku, weißgrundiger Koi mit rotem Kopffleck und Glitzerschuppen (Ginrinschuppen).

Foto rechts: Ogon, hier Yamabuki Ogon – einfarbig goldgelber Koi.

Foto links: Hi-Shusui, blau-roter Koi mit Teilbeschuppung.

Foto unten: Asagi, blauer Koi mit rotem Bauch und deutlichem Netz-Schuppenmuster.

Foto rechts: Hi-Utsuri, schwarzgrundiger Fisch mit roter Zeichnung.

Foto ganz rechts: Ginrin Platinum Ogon, einfarbig weißer Koi mit Glitzerschuppen.

Die Bewertung der Farbaufteilung

Hier wird es bei der Bewertung schon wesentlich schwerer, denn wir unterscheiden Fische mit heller und dunkler Grundfarbe, mit Hautglanz oder matter Haut.

Bei Kois mit heller Grundfarbe ist reines Weiß erwünscht. Gelbe oder gräuliche Schatten zeugen von minderer Qualität. Die Farbzeichnung sollte wenn möglich nicht das gesamte Gesicht überdecken und darf nicht in den Schwanz einlaufen. Es ist vorteilhaft, wenn Farbzeichnungen bis zur Seitenlinie reichen, besser noch etwas weiter nach unten.

Haben Kois eine dunkle Grundfarbe, so muß diese nach Möglichkeit frisch und nicht zu düster wirken. Schwarz sollte kräftig abgesetzt sein, darf aber nicht über 50 % der Haut bedecken.

Ob die Farben Ihrer Kois heller oder dunkler sind, spielt keine so große Rolle. Wichtig ist jedoch, daß

- ✔ sie gleichmäßig über den Fisch verteilt und sauber abgegrenzt sind,
- ✔ sie eine geschlossene Fläche bilden, so daß man fast keine Schuppen mehr darunter sieht.

Hautqualität

Die Haut Ihrer Kois sollte frisch und rein wirken, ohne Erhöhungen oder Vertiefungen. Sie muß mit einer gleichmäßigen, aber nicht zu dicken Schleimschicht überzogen sein. Fühlen sich Ihre Kois beim Anfassen trocken an, so ist etwas nicht in Ordnung. Achten Sie auf klare Augen mit gleich großen Pupillen. Farbpigmente in den Augen sind fehlerhaft. Bei einzelnen Kois, wie Kohaku oder Sanke, soll die Farbabgrenzung besonders sauber und gleichmäßig verlaufen.

Gesunde Fische schwimmen sofort herbei, wenn Futter auf das Wasser geworfen wird.

Kauf und Auswahl

Wenn Sie sich zum Kauf von Kois entschlossen haben, kann ich Sie hierzu nur beglückwünschen, denn es gibt kaum Zierfische, die eine so angenehme und majestätische Ausstrahlung vermitteln. Kois von guten Züchtern können bei optimaler Haltung bis zu 1 m lang und 15 bis 20 Kilogramm schwer werden. Das ist allerdings absolute Maximalgröße und kann kein Maßstab für alle Kois sein.

Grundvoraussetzung ist dabei natürlich eine gute Blutlinie, aus der die Fische stammen. Werden die Kois zu schnell großgezogen, bringt dies keine Vorteile, da die Farbqualität und Körperform meist darunter leidet. Dies erkennt man daran, daß der Kopf im Verhältnis zum Körper zu klein ist. Die Dichtheit der Farben läßt nach und verschwimmt. Meist bekommen diese Fische auch einen sogenannten »Stiernacken«, das ist eine starke Erhebung am Kopfende.

Wissenswertes zum Kauf

Die optimale Zeit, um Kois zu kaufen und umzusetzen, beginnt meist im April, wenn die Wassertemperatur 13 ° bis 15 °C erreicht hat, und dauert über den Sommer hinweg bis Mitte/Ende September. Frühere Umsetzaktionen schaden dem Fisch. Später sollten keine Kois mehr ausgesetzt werden, da diese sonst vor dem Winter zu wenig Zeit haben, um sich einzugewöhnen.

Ideal ist immer, wenn Ihr Händler die Fische nach den großen Herbstabfischungen in Japan einkauft und importiert. Dadurch haben die Fische den Winter über Zeit, sich an das Klima in Europa zu gewöhnen. Im folgenden Frühjahr gelangen sie dann in den Verkauf.

TIP

Keine kleinen Fische kaufen

- ✔ Farben ändern sich bei diesen oftmals.
- ✔ Kleine Schuppenfehler sieht man meist gar nicht oder erst, wenn die Fische größer sind.
- ✔ Der Import nach Europa setzt kleinen Fischen meist mehr zu, und nachträgliche Kiemenschäden führen nach einigen Wochen in manchen Fällen sogar zum Tod.
- ✔ Das Geschlecht kann erst bei Fischen, die eine Länge von etwa 25 bis 35 cm und ein Alter von ungefähr 3 Jahren haben, erkannt werden.
- ✔ Achten Sie beim Kauf und Umsetzen besonders auf Fische, die kurz vor dem Ablaichen stehen.

Hinweis: Lassen Sie sich nicht mit Sonderangeboten und Aktionen locken. Gute, hochwertige Kois werden nur selten verschleudert.

Männchen (unten) sind schlanker als Weibchen (oben).

Checkliste
Wichtiges zum Kauf

1 Keine zu kleinen Fische kaufen, die Farben ändern sich oftmals mit der Zeit.

2 Möglichst nicht bei vielen verschiedenen Händlern einkaufen.

3 Beim Einsetzen auf Wassertemperaturunterschiede zwischen Transportbeutel und Becken achten.

4 Lieber wenige, dafür gute Kois kaufen. Die körperliche Verfassung muß optimal sein. Gehen Sie keine Kompromisse ein.

5 Weibchen werden meistens größer und wachsen besser.

6 Zeit lassen beim Aussuchen. Reaktionstest (→ Seite 21) machen, ob die Fische gesund sind.

7 Vorsicht bei frisch importierten Kois. Sie haben sich noch nicht umgewöhnt und sind anfälliger.

8 Verkaufsbecken müssen absolut sauber sein und dürfen weder kranke noch tote Fische vorweisen.

Ich empfehle Ihnen, Ihrem Koi-Händler bei der Arbeit mit den Kois zuzuschauen. Sie können dabei erkennen, wie er mit Tieren umgeht. Kois sind zwar robust, aber keine Kartoffeln! Auch die Aufforderung, dem Koi einmal in die Kiemen schauen zu dürfen, um eine gute Durchblutung zu erkennen, ist eine durchaus gängige Methode.

Achten Sie beim Kauf unbedingt auf die Farbzusammenstellung für Ihren Teichbesatz.

✔ Einzelne einfarbige Kois kombiniert mit vielen mehrfarbigen Fischen und der einen oder anderen Ginrin-Variante (mit glitzernden Schuppen) wirken sehr edel.

✔ Eine zu bunt gemischte Farbkombination Ihrer Kois wirkt nicht.

✔ Wählen Sie hauptsächlich Fische mit viel Rot, wie Kohaku, Sanke und Showa.

Bei guter Haltung können Kois im Gegensatz zu manch anderen Fischarten 30 bis 40 Jahre alt werden, einzelne Exemplare in Ausnahmefällen auch älter. So brauchen Sie auch beim Kauf von größeren Fischen keine Angst zu haben, daß diese schon bald sterben werden. Ein Fachmann kann das Alter an den Schuppenringen ähnlich wie bei einem Baumstamm erkennen. Kois von 10 bis 15 cm Länge sind etwa 1 Jahr alt, zwischen 15 bis 30 cm ungefähr 2 Jahre. Über 30 cm Länge sind sie meist 3 Jahre und älter.

Das Geschlecht Ihrer Kois spielt bei der Auswahl eine größere Rolle. Weibchen sind meist beliebter, da sie schneller wachsen und größer werden. Auch die Körperform ist immer besser. Jedoch ist die Farbzeichnung und -intensität bei männlichen Fischen klarer und kräftiger. Männchen sind aber auch unentbehrlich im Teich, da sie die Weibchen zum Ablaichen stimulieren, wobei die Anzahl hierbei keine größere Rolle spielt. Bei Weibchen, die laichreif sind und nicht ablaichen, kann es zu schweren Komplikationen führen (Laichverhärtung).

Ein Jumbo-Koi im Vergleich zu einem einjährigen Kohaku. Nur Fische aus guten Blutlinien erreichen solche Längen.

Darauf sollten Sie achten

✔ Kaufen Sie unbedingt nur sehr vitale Fische, denn ein Umsetzen – so schonend man dies auch vornimmt – ist immer ein Streß für das Tier. Sind diese dann nicht in optimaler Verfassung, so treten meist Probleme auf.

✔ Von Fischen, die trauernd mit angelegten Brustflossen am Beckenboden stehen, rate ich ab.

✔ Auf eine gleichmäßige harmonische Atmung der Tiere sollte Wert gelegt werden.

Hinweis: Testen Sie die Reaktion der Fische, indem Sie einige Futterkörnchen ins Wasser werfen. Reagieren sie neugierig darauf oder fressen das Futter, so können Sie sorglos einkaufen!

Lassen Sie sich über Alter, Herkunft und Geschlecht Ihres ausgesuchten Kois beraten. Eine sachgemäße, schonende Messung der Körperlänge in einer dafür vorgesehenen Wanne kann für spätere Wachstumskontrollen sehr interessant sein. So können Sie sehen, wie die verschiedenen Varianten an Größe zulegen.

Haben Sie sich für den Kauf von Kois in unterschiedlichen Größen entschlossen, so achten Sie bitte darauf, daß immer etwa gleich große Fische im selben Beutel zusammengepackt werden. Auf diese Weise werden unnötige Verletzungen ausgeschlossen.

Beim Einfangen von Kois sollten immer ausreichend große Kescher verwendet werden, um zu verhindern, daß die Kois unnötig lange durchs Becken gejagt werden.

Der Transport

Um Ihren Lieblingen einen guten Start in ihrem neuen Teich zu geben, ist der Transport ein wichtiger Faktor. Am schonendsten wird er durch einen doppelten Plastikbeutel, der mit Wasser und Sauerstoff gefüllt ist. Dieser sollte in einem Umkarton verpackt sein. Bei starker Sonnenstrahlung und großer Hitze empfiehlt sich eine Styroporbox.

Mit optimaler Verpackung können Kois ohne weiteres 24 Stunden transportiert werden. So können die Fische auch problemlos mit einer Spedition verschickt werden.

Nicht von Vorteil sind typische Fischtransportfässer, da sich Kois beim Hochspringen gegen den harten Deckel verletzen können. Offene Wannen sind völlig ungeeignet.

Darauf sollten Sie beim Transport achten:

✔ Fische sollten vor längeren Reisen nicht mehr gefüttert werden. Dadurch wird verhindert, daß das Transportwasser zu schnell durch Exkremente verunreinigt wird.

✔ Überprüfen Sie, ob am Fisch nicht ein Flossenstrahl absteht, der den Plastiksack beschädigen könnte.

✔ Größere Kois sollten quer zur Fahrtrichtung transportiert werden. Dadurch wird vermieden, daß sich die Fische beim Anfahren und Bremsen an Schwanz und Nase verletzen.

Die Quarantäne

Was die Quarantäne angeht, gibt es viele verschiedene Meinungen. Ich persönlich halte nicht viel davon, da sie meist gar nicht richtig durchgeführt werden kann.

So ist es fast schon vorprogrammiert, daß sich ein einzeln in einem fast immer zu kleinen Quarantänebecken eingesetzter Koi in diesem nicht wohlfühlt und entweder Verletzungen durch Hochspringen erleidet oder krank wird. Auch ist es nicht sicher, daß nach der Quarantäne keine Probleme auftreten, selbst wenn Sie in dieser Zeit nichts festgestellt haben. Werden Kois in der Quarantäne einzeln gehalten, muß es nicht zum Ausbruch einer Krankheit, etwa einer bakteriellen Infektion, kommen. Dies geschieht oft erst beim Kontakt mit dem alten Fischbestand.

In der Praxis hat sich eher eine Zugabe von geeignetem Desinfektionsmittel in das Transportwasser bewährt. Allerdings sind bei dieser Art der Desinfektion genaue Angaben über die Fahrtzeit nötig, um eine kontrollierte Dosierung sicherzustellen.

Wenn Sie jedoch auf eine Quarantäne nicht verzichten wollen, versuchen Sie, möglichst optimale Bedingungen zu schaffen. Decken Sie außerdem das Becken sorgfältig ab, da Neulinge aus kleinen Becken immer versuchen herauszuspringen. Selbst kleine Schlitze und Löcher sind

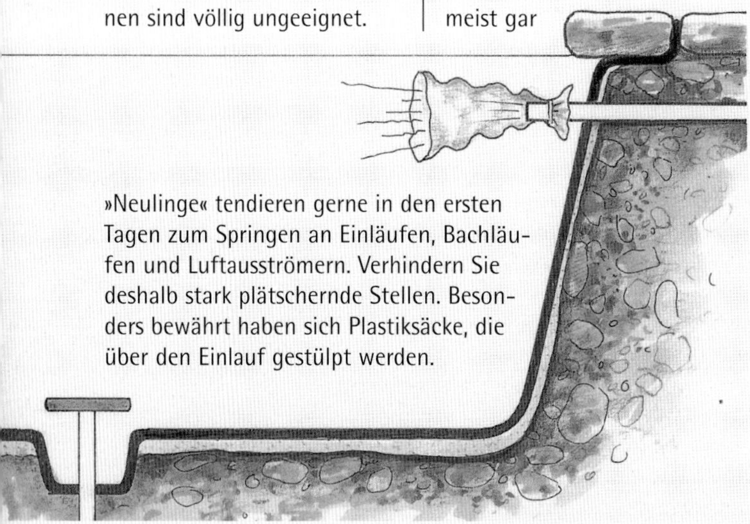

»Neulinge« tendieren gerne in den ersten Tagen zum Springen an Einläufen, Bachläufen und Luftausströmern. Verhindern Sie deshalb stark plätschernde Stellen. Besonders bewährt haben sich Plastiksäcke, die über den Einlauf gestülpt werden.

Das Einsetzen

Auch beim Einsetzen Ihrer Kois sollten Sie sich immer Zeit lassen und nichts überstürzen. Meist schaut Wasser gleich aus. Es gibt

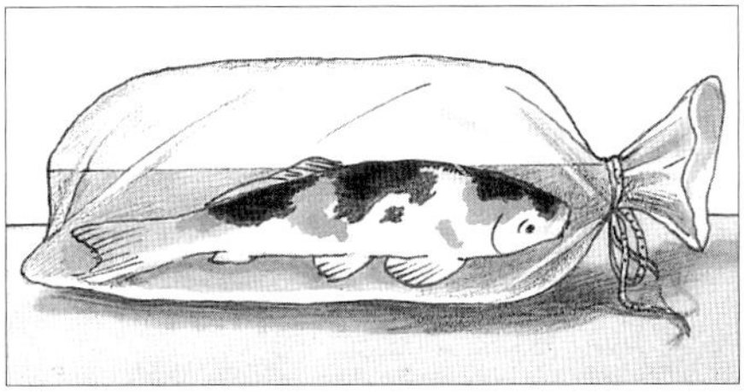

Zum Transportieren dient ein mit Wasser und Sauerstoff gefüllter Plastikbeutel.

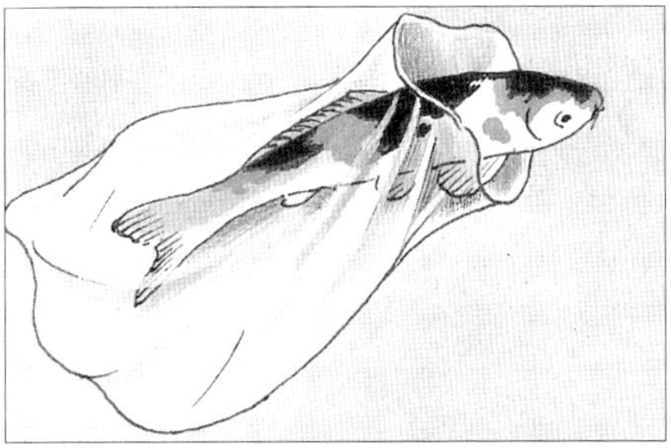

Sind die Wassertemperaturen im Beutel und Teich gleich, darf der Fisch ins Becken.

jedoch weitaus mehr Faktoren, als Temperatur und die üblich gemessenen Wasserwerte, wie pH-Wert, Nitrit- und Nitratgehalt, die für Ihre Fische ausschlaggebend sind.

So gehen Sie vor:

1. Setzen Sie den komplett gefüllten, geschlossenen Beutel in den Teich und lassen Sie ihn zirka 15 bis 20 Minuten schwimmen, damit sich die Temperatur im Beutel an die des Teichwassers angleichen kann.

2. Öffnen Sie den Beutel, und geben Sie im ein- bis zweiminütigen Abstand mehrere Male Teichwasser in den Plastiksack.

3. Anschließend lassen Sie den Koi aus dem Beutel in den Teich schwimmen. Stark verschmutztes Transportwasser sollte nicht mit in den Teich geleert werden.

4. Bei neu eingesetzten Fischen empfiehlt sich immer, diese in den folgenden Tagen und Wochen verstärkt zu beobachten.

Hinweis: Wird ein Neuankömmling anfangs leicht gejagt, so ist dies nur ein Kennenlernen und meist nicht gefährlich.

oft schon sehr verhängnisvoll. Wasserein- und -ausläufe oder Belüftungssteine müssen fest angebracht werden, da die »Neuen« gerne in engen Behältnissen wild umherschwimmen und im schlimmsten Fall die Sauerstoffzufuhr abreißen könnten.

In den ersten Tagen nach dem Einsetzen sowohl in das Quarantänebecken als auch in den Teich kann man oft beobachten, daß sich die Fische (speziell die kleinen) gerne verstecken oder noch kein Futter aufnehmen.

Dieses Verhalten ist aber durchaus normal und gibt sich nach der ersten Eingewöhnungsphase meist ganz von selbst.

Auf diese Weise läßt sich ein Koi am schonendsten transportieren und umsetzen.

GARTENTEICH ANLEGEN

Ein gestalterisches Meisterstück leisten, was die Teichform und Teichrandgestaltung betrifft, nützt leider nichts, wenn das Wasser nicht klar wird. Deshalb hat bei der Anlage des Teiches das optimale Funktionieren aller technischen Geräte erste Priorität. Erst danach kommt die Optik.

Den Teich planen

Bevor Sie mit dem Bau Ihres Teiches beginnen, bedarf es einer kompletten Planung und Beratung, da sich ein Teich für Kois von einem einfachen Gartenteich, zum Beispiel für Goldfische, sehr stark unterscheidet.

<u>Die Nähe zum Haus</u> oder zur Terrasse sind als Standplätze besonders gut geeignet:

✔ Man hat immer Stromanschluß, Wasserzu- und -ablauf.

✔ Auch bei schlechtem Wetter kann man die Kois kontrollieren und beobachten.

✔ Durch die kurze Entfernung zum Haus kann man die Heizung anzapfen, die viel sparsamer ist, als eine elektrische Teichheizung.

<u>Standplätze, die zwei Drittel Sonne</u> und ein Drittel Schatten über den Tag verteilt haben, eignen sich besonders gut, da Ihre Kois warmes Wasser lieben. Große Laubbäume in der Nähe des Teiches verschmutzen das Wasser und beeinträchtigen durch Fallaub im Herbst stark die Filterfunktion. Besser geeignet sind Nadelbäume oder immergrüne Gewächse.

Für einen so herrlichen Garten ist der »König der Gartenteiche« ein absolutes Muß.

Die richtige Größe

Ein Koiteich muß keine besonders große Oberfläche haben. 15 bis 30 qm reichen völlig aus, da bei einer optimalen Tiefe von 1,50 bis 1,80 m und steilen Wänden ein großes Wasservolumen zusammenkommt. Vorteil der tiefen Teiche ist, daß das Wasser sich nicht zu schnell aufheizt beziehungsweise auskühlt. Außerdem ist es bei zu großen Teichen schwierig, einen kranken oder verletzten Fisch herauszufangen.

<u>Ab welcher Größe und Tiefe</u> Ihres Teiches Sie eine Baugenehmigung benötigen, ist vom jeweiligen Bundesland abhängig und steht in der Landesbauordnung. Erfragen Sie auch Grenzabstände bei der örtlichen Baubehörde.

Das sollten Sie beim Bau beachten

✔ Treffen Sie geeignete Maßnahmen, daß Kinder nicht in den Teich fallen können.

✔ Lassen Sie sämtliche elektrischen Anschlüsse im Zusammenhang mit dem Teich nur von einem Fachmann in VDE-Norm durchführen.

✔ Ein Wasserzulauf, Bodenablauf, Oberflächenabsauger (Skimmer) und Filter mit mechanischer Reinigung und biologischem Abbau sind immer wichtig – unabhängig davon, für welchen Typ von Teich Sie sich entscheiden.

✔ Anzahl und Beschaffenheit von Bodenablauf und Einlauf hängen immer von der Teichgröße und der Pumpenleistung ab. Pro 10 Kubikmeter Wasser wird ein Bodenablauf mit 110 mm Durchmesser benötigt.

Der Teichtyp

Ob Sie sich einen Teich aus Polyester, Folie oder Beton anschaffen, ist meist eine Frage der Zeit, der Bodenbeschaffenheit und des finanziellen Spielraums.

Die aus meiner Sicht beste und optimalste Lösung ist ein Polyesterteich (GFK), denn

✔ dieses Material kann bestens zur Modellierung sowie für den Bau von steilen Wänden, Pflanz- oder Felstaschen verwendet werden.

✔ dieses Material hält bei fachmännischer Verarbeitung sicher 20 bis 30 Jahre.

✔ es können auch nachträglich Ausbesserungen oder Veränderungen an der Teichform vorgenommen werden.

✔ es kann selbst eine Wärmedämmung problemlos unter das Laminat verarbeitet werden.

✔ mit einem gut eingespielten Team kann ein Polyesterteich innerhalb weniger Tage komplett gebaut werden.

Hinweis: Ein so gefertigter Teich kann zwischendurch problemlos mit einem Hochdruckreiniger gesäubert werden.

Technik

Ein Koiteich funktioniert nur perfekt mit ausgereifter Technik. Diese sollte grundsolide, stabil und weitestgehend wartungsfrei arbeiten. Verwenden Sie niemals unübersichtliche Technik, denn während Ihrer Abwesenheit muß alles auch für Ihre Vertretung überschaubar bleiben.

Wasserpumpen

Als Wasserpumpen werden meist getauchte »Dauerläufer« empfohlen. Sie fordern eine hohe Wassermenge und verbrauchen wenig Energie. Als Faustregel gilt: Für 10 m³/Std. brauchen sie 150 bis 250 Watt. Vorteil einer solchen Pumpe ist, daß sie im Sommer wegen des kühlenden Teichwassers nicht überhitzt und im Winter nicht einfrieren kann. Außerdem arbeitet sie sehr geräusch- und vibrationsarm und ist wartungsfrei.

Trockenstehende Pumpen (Kreiselpumpen) sind eher wartungsintensiv, überhitzen im Sommer leicht und sind geräuschvoll und daher störend. Lassen Sie sich auf keinen Fall durch die Leistungsangabe in Liter/Stunde blenden. Auf dem Leistungsdiagramm kann anhand der Kennlinie sehr gut verglichen werden, welche Wassermengen bei bestimmten Förderhöhen noch gepumpt werden.

Nicht nur die Förderhöhe, sondern auch lange Wege in Rohren und Schläuchen führen durch den Reibungswiderstand zu einer Reduzierung der Wassermenge. Ist die zu befördernde Wassermenge hoch, empfehle ich Ihnen lieber zwei kleine als eine extrem große Pumpe.

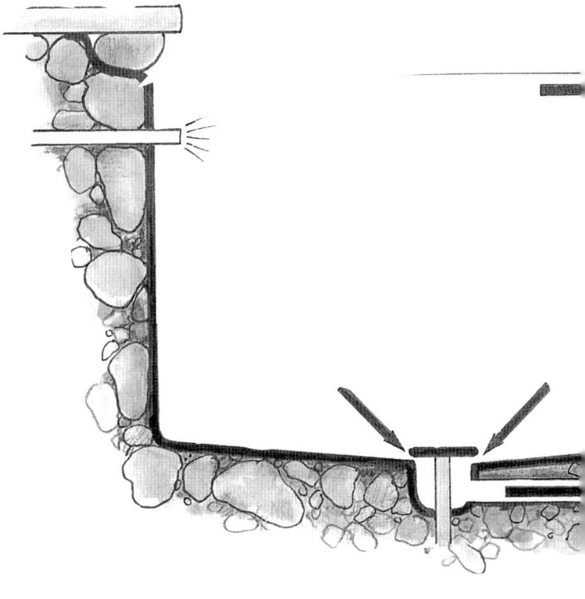

Das hat zwei Vorteile:

✔ Sie können in der kalten Jahreszeit, wenn nur eine geringe Leistung gebraucht wird, eine der beiden kleinen Pumpen abschalten.

✔ Falls eine Pumpe ausfällt und zur Reparatur gebracht wird, ist immer noch eine weitere in Betrieb.

Belüftungspumpen

Belüftungspumpen müssen immer trocken und oberhalb des Wasserspiegels aufgestellt werden, um sicherzugehen, daß bei einem eventuellen Stromausfall kein Wasser über die Luftschläuche in das Belüftungsgerät eindringen kann. Wählen Sie eine ausreichend große Belüftungspumpe, da die Fische und die Filteranlage im Sommer bei hohen Temperaturen eine riesige Menge an Sauerstoff verbrauchen.
Achten Sie auch darauf, daß das Gerät geräusch- und vibrationsarm arbeitet. Mehrere getrennt voneinander regelbare Anschlußstellen für Luftschlauchein- und -ausströmer sind sehr zu empfehlen.

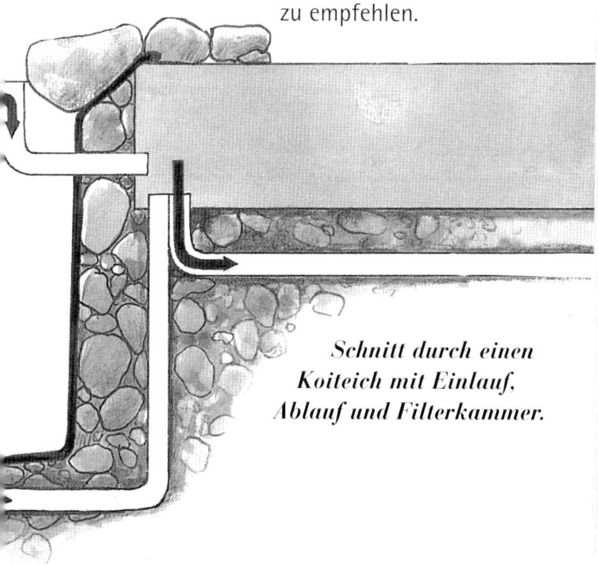

Schnitt durch einen Koiteich mit Einlauf, Ablauf und Filterkammer.

TIP

Feinde abhalten

Die größten Feinde Ihrer Kois sind Graureiher und Katzen. Dagegen können Sie Ihre Fische wirksam schützen, wenn

✔ die Teichwände steil sind.

✔ der Teichrand mit einer hohen Felseinrandung versehen ist.

✔ der Wasserstand zur Felsoberkante mindestens 30 cm aufweist.

✔ keine Trittsteine im Wasser sind, denn sie sind für Katzen und Graureiher ideale Angelplätze.

✔ Bewegungsmelder angebracht werden, die Licht oder Geräusche verursachen.

✔ einzelne Drähte im Abstand von 20 cm Höhe um den Teich gespannt sind. Auch ganz spezielle Graureiherabwehranlagen werden schon im Handel angeboten.

Aufgestellte Plastikreiher wirken erfahrungsgemäß nur wenig. Auch schwimmende Plastikenten, die Enten anlocken sollen, sind nicht von Vorteil. Meist kommen Stockenten. Sie sind zwar keine große Gefahr, dennoch können sie leichte Schuppenverletzungen durch das Schnappen nach Ihren Fischen verursachen und eventuell Parasiten sowie Bakterien und Viren von anderen Gewässern einschleppen.
Generell ist eine der wirkungsvollsten Schutzmaßnahmen, wenn Sie den Koiteich so nahe wie möglich beim Haus bauen. Fischfeinde lieben eher ruhige, abgeschiedene Plätzchen und werden so durch Lärm und Bewegung rund ums Haus abgeschreckt.

Der Skimmer

Neben Bodenabläufen ist auch ein Skimmer, ein Oberflächenabsauger, notwendig. Oft sieht das Wasser nur deshalb schmutzig aus, weil sich auf der Teichoberfläche ein Fettfilm und Blütenstaub angesammelt haben.

Der Skimmer sollte auf der Seite des Teiches eingebaut werden, von woher mit dem Wind der meiste Staub angeweht wird.

Die einfachste Ausführung ist ein schwenkbares Rohr an der Wasseroberfläche, das den Schmutz direkt in den mechanischen Filter leitet.

Beim Einbau sollten Sie darauf achten, daß

- ✔ die Rohrleitung zur mechanischen Filterkammer kurz ist, um den Reibungswiderstand zu verringern.
- ✔ das Skimmerrohr eher groß (100 mm Durchmesser) gewählt wird, damit es nicht durch grobe Teile wie Laub verstopft.
- ✔ in eine Richtung ein Gefälle angebracht wird, damit sich die Rohrleitung immer selbst entlüften kann. In welche Richtung das Gefälle besteht, ist egal.
- ✔ das Rohr schwenkbar ist, damit es vor der Fütterung mit Schwimmfutter hochgezogen werden kann. So gelangt das Futter nicht direkt in den Filter.

UV-Lampen gegen Algen

In vielen Teichen ist grünes Wasser, hervorgerufen durch eine Algenblüte, ein Problem. Eine außerordentlich gute Wirkung bietet gegen solche Fälle eine Ultra-Violett-Bestrahlung. Diese UV-Lampen werden in vielen verschiedenen Varianten und Stärken angeboten.

In der Praxis haben sich solche Geräte bewährt, bei denen die gesamte Wassermenge beim Rücklauf vom Filter in den Teich durch diese Lampe geleitet wird. Als Bemessungsgrundlage für die benötigte UV-Stärke gilt: 1 Watt pro 1000 l Wasser. Letztendlich richtet sich die benötigte Leistung immer nach der Teichoberfläche (Sonneneinstrahlung) und dem Wasservolumen des Koiteiches.

Für den Anschluß sollten Sie immer einen Bypass einplanen, der ein leichtes Auswechseln der empfindlichen und schnell verbrauchten UV-Röhren ermöglicht.

Teichmagnete zur Bekämpfung von Fadenalgen sind zwar bekannt, aber in Wirkung und Erfolg von Teich zu Teich sehr unterschiedlich.

Heizungssysteme

Heizungssysteme für den Gartenteich gibt es in unterschiedlichen Größen und Varianten. Ange-

Alle abgebildeten Accessoires sind zusammen eine gute Grundausstattung für einen Koiteich. Je nach Teichgröße gibt es diese in verschiedenen Leistungsstärken. Von links nach rechts: Tauchpumpe zur Wasserförderung, Thermometer zur Temperaturüberwachung, UV-Licht für die Schwebealgenbekämpfung, Belüftungsgerät zur Sauerstoffversorgung, Teichheizer für den Winter.

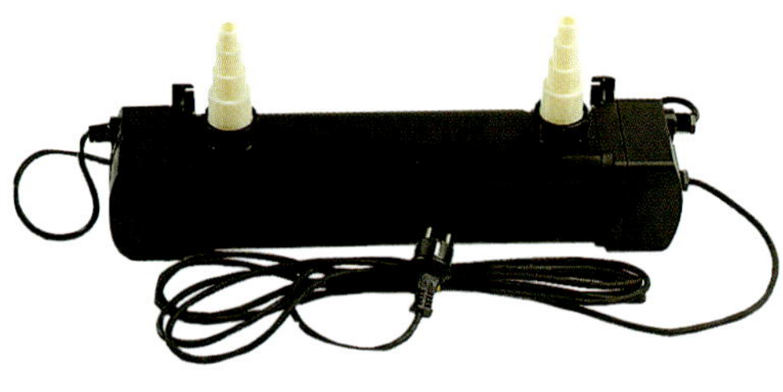

fangen bei kleinen elektrischen Teichheizern, die in den Teich gelegt werden können, über Solaranlagen, bis hin zu kompletten Hausheizungssystemen ist alles erhältlich. Achten Sie auf eine umweltschonende und sparsame Art der Heizung, denn je nach Region und Lage des Teiches werden teilweise größere Energiemengen benötigt.

Eine edle Kollektion farblich abgestimmter Kois ist immer ein Blickfang im Garten.

Für die optimale Lösung ist immer ein Heizungsfachmann oder Schwimmbadbauer zu Rate zu ziehen.

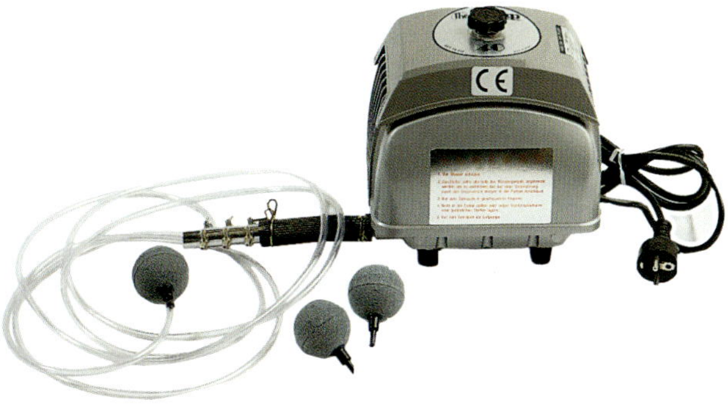

PRAXIS WASSERAUFBEREITUNG

Die Filterung

Grundsätzlich müssen Sie in einem Koiteich das Wasser mit einem mechanischen und einem biologischen Filter behandeln. Diese beiden sollten separat voneinander gesäubert werden können und im Verhältnis zur Teichgröße eher überdimensioniert sein.

Der mechanische Teil des Filters dient dazu, grobe Partikel wie Fischkot, Futterreste, Schlamm und Blätter aus dem Teichwasser herauszufiltern. Dies geschieht bei größeren Teichen mit starkem Fischbesatz am besten über Filterbürsten. Sie haben den Vorteil, daß sie groben Schmutz zurückhalten, nur selten verstopfen und sich dennoch leicht reinigen lassen. Alleinige mechanische Filterung reicht aber nicht aus, da die meisten ausgeschiedenen Stickstoffverbindungen im Wasser gelöst sind und selbst bei klarer Sicht Ihr Teichwasser stark belastet ist.

Im biologischen Teil der Filteranlage werden mit Hilfe von Bakterien im Wasser gelöste Stickstoffverbindungen abgebaut. Diese werden von den Fischen ausgeschieden und belasten das Wasser des Teiches stark, selbst wenn die Sicht klar ist. Die Bakterien siedeln sich auf einem Filtermedium (biologischer Rasen) über mehrere Wochen und Monate bei wärmeren Temperaturen an.

Besonders gut hierfür eignen sich japanische Filtermatten aus PE-Geflecht, die eine enorm

Die Teichströmung

Grundvoraussetzung für eine optimal funktionierende Filterung ist eine kreisförmig verlaufende Teichströmung. Dadurch kann der Schmutz sicher über den Bodenablauf abgepumpt werden. Die Kreisströmung entsteht durch die richtige Lage des Ablaufs; diese richtet sich nach der Form des Teiches. Je nach Umriß des Teiches sind mehrere Kreisströmungen nötig. Von Teichen mit mehr als 3 Kreisströmungen rate ich auf jeden Fall ab.

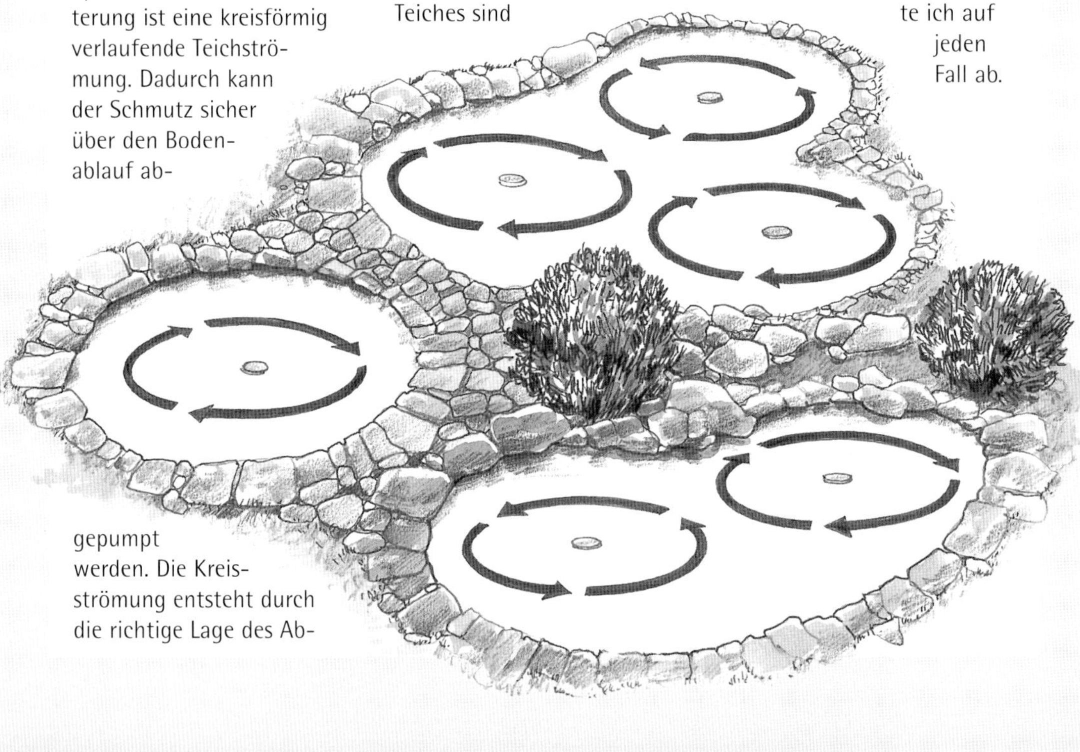

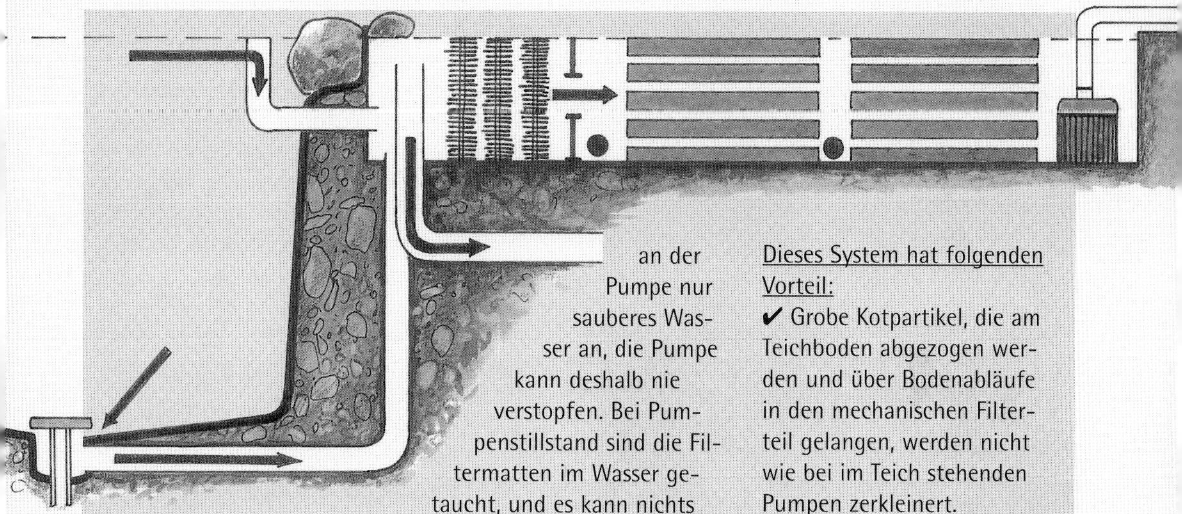

Getaucht arbeitende Filter
Erfahrungsgemäß funktioniert ein Filter, der getaucht arbeitet und auf der Höhe des Teichniveaus eingebaut wird, am besten:
Die Pumpe zur Wasserförderung steht im letzten Teil der Filterkammer, also hinter den biologischen Filtermatten. Bei dieser Reihenfolge kommt an der Pumpe nur sauberes Wasser an, die Pumpe kann deshalb nie verstopfen. Bei Pumpenstillstand sind die Filtermatten im Wasser getaucht, und es kann nichts überlaufen. Schalten Sie nun Ihre Pumpe ein, so saugt diese im letzten Teil des Filters das Teichwasser, welches den Filter durchströmt hat, ab, und drückt es in den Koiteich. Automatisch fließt dann über die Bodenabläufe und den Skimmer das Teichwasser in den Filter nach – und zwar immer so viel, wie von der Pumpe abgezogen wird.

Dieses System hat folgenden Vorteil:

- ✔ Grobe Kotpartikel, die am Teichboden abgezogen werden und über Bodenabläufe in den mechanischen Filterteil gelangen, werden nicht wie bei im Teich stehenden Pumpen zerkleinert.
- ✔ Das verschmutzte Teichwasser läuft ohne Druck in den mechanischen Filter, da es über Bodenabläufe und Ablaufrohre mit mindestens 100 mm Durchmesser zurückgeleitet wird. Dadurch ist gewährleistet, daß sich Grobschmutz im mechanischen Filterteil absetzen kann, oder an den dafür vorgesehenen Filterbürsten hängenbleibt.

große Oberfläche haben und trotzdem im Gegensatz zu herkömmlichem Filterschaumstoff nicht so schnell verstopfen. In diesem Teil des Filters wird dann zusätzlich noch belüftet, um eine Versorgung der Bakterien mit Sauerstoff zu gewährleisten.

Achtung: Schalten Sie bei biologischer Filterung nie die Belüftung ab, da sonst die Bakterien dem Teichwasser den Sauerstoff entziehen, was für Ihre Fische zu akutem Sauerstoffmangel führen kann.

Je länger ein biologischer Filter in Ruhe arbeiten kann (es handelt sich hier nicht um Wochen, sondern um Jahre), desto besser funktioniert er. Man spricht dann vom »eingelaufenen Filter«. Ihr biologischer Filter sollte deshalb nur dann gesäubert werden, wenn eine gute Wasserdurchströmung nicht mehr möglich ist. Gehen Sie bei der Säuberung sehr schonend vor. Am besten spülen Sie nur loses, abgesetztes Material ab. Hochdruckreiniger sind absolut fehl am Platz!

Japanische Steinlaternen verleihen jedem Garten einen Hauch von Fernost.

Die Gesamtplanung des Gartens

Vor dem Bau eines Koiteiches sollten Sie sich kritisch überlegen, ob Sie das Becken selber bauen und gestalten wollen, oder ob Sie nicht besser einen Fachmann zu Rate ziehen. Dieser sollte jedoch nicht nur schöne Gärten gestalten können, sondern auch auf die Anlage von Fischteichen spezialisiert sein. In den meisten Fällen wird die eigene Bau- und Planungsfähigkeit überschätzt, und nachträgliche Sanierungsarbeiten nach 2 bis 3 Jahren sind nicht nur ärgerlich, sondern am Ende auch viel teurer. Nicht umsonst haben einige Leute Gartenarchitektur studiert.

Haben Sie sich dazu entschlossen, Ihren Garten und Teich selbst zu planen und zu bauen, dann überstürzen Sie bitte nichts. Denken Sie daran, daß der Garten das ganze Jahr über schön sein sollte und nicht nur dann, wenn alles blüht. Da bei einem Koiteich die Bepflanzung nicht das wichtigste Gestaltungselement ist, sollten Sie Ihr Projekt zum Landschafts- und Gartenbau sorgfältig planen.

✔ Skizzieren Sie den gesamten Garten maßstabgetreu auf Millimeterpapier.

✔ Versuchen Sie sich ein Gesamtbild über Lage und Hintergrund zu machen.

✔ Legen Sie Ihren persönlichen Stil zur Gestaltung fest, bevor Sie bestimmte Pflanzen, Steine oder Kies für Ihren Garten auswählen.

Darüber hinaus hängt die Gestaltung eines Gartenteiches immer stark von der Umgebung und vom daneben stehenden Haus ab. So wirkt zum Beispiel ein stilechter japanischer Garten mit Koiteich in Verbindung mit einem Bauernhaus im Allgäu eher unpassend.

Bei der Gestaltung zu beachten

✔ Ziehen Sie generell Naturprodukte für Terrassen oder Abgrenzungen bei eventuell unterschiedlichem Geländeprofil den künstlich hergestellten vor.

✔ Bedenken Sie bei der Auswahl der Felsen oder Holzbohlen immer die gesamte Teich- und Gartengröße. So müssen Sie beim Kauf der Felsen in einem Steinlager darauf achten, wie groß die Auflagefläche der von Ihnen ausgewählten Felsen ist. Vergleichen Sie diese Fläche mit der Größe Ihres Gartens zu Hause. Steine, die zu klein oder zu wuchtig sind, zerstören den Gesamteindruck eines noch so schön gestalteten Gartens.

✔ Sämtliche Materialien, die in Ihrem Garten verbaut werden, müssen wetter- und winterfest sein. Verschiedene Steinarten, wie zum Beispiel Sandsteine, sind meist ungeeignet, da sich diese

mit Wasser vollsaugen und es im Winter zu Frostbruch kommen kann.

✔ Holz ist ein sehr beliebtes Gestaltungselement im Garten. Da es aber – Wind und Wetter ausgesetzt – relativ schnell verwittert, ist Holz meist mit einer speziellen Wetterschutzschicht eingelassen. Stark imprägniertes Holz hält zwar extrem lang, muß aber zunächst auf Giftigkeit geprüft werden. Von Einfassungen mit imprägnierten Eisenbahnschwellen rate ich grundsätzlich ab, da diese mit stark fischtoxischen Stoffen eingelassen sind.

✔ Planen Sie größere bekieste Flächen in Ihrem Garten, so empfehle ich Ihnen, ein Vlies darunter zu verlegen. Dieses Material verhindert das Wachstum von Unkraut, außerdem wird bei starken Regenfällen keine Pflanzerde an die Oberfläche geschwemmt.

Kois gesellen sich gerne mit ihresgleichen, deshalb immer mehrere halten.

✔ Wählen Sie immergrüne Laub- und Nadelbäume und -sträucher. Zuviel Laub im Teich kann den Filter verstopfen. Bleibt Laub längere Zeit im Teich, kann durch den Zersetzungsprozeß Sauerstoff verbraucht werden, der den Fischen fehlt. Zudem werden giftige Faulgase gebildet.

✔ Über Pflanzen, die giftige Früchte tragen, macht man sich meist wenig Gedanken. Sie können aber der Grund für Fischverluste sein. Sind Sie nicht hundertprozentig sicher, ob eine bestimmte Pflanze schädlich ist, oder bekommen Sie keine genaue Auskunft über ihre Ungefährlichkeit, so verzichten Sie lieber auf deren Kauf.

Filter als Gestaltungselement

Filter (→ Seite 30) sind meist größere Anlagen, die – offen aufgestellt – störend wirken. Aufgrund seiner Technik kann das getauchte Filtersystem besonders gut im Garten integriert werden. Da der Filter bis zur Höhe des Wasserstands im Teich in der Erde versenkt wird, kann er gut in Gehwegen oder unter Terrassen untergebracht werden. Mit schönen Abdeckungen, zum Beispiel aus Holz, stören sie das Gesamtbild des Gartens überhaupt nicht.
Filtersysteme, die über der Erde angeordnet sind, können dagegen nur sehr schwer versteckt werden. Eine Möglichkeit ist, sie hinter einer Randeinfassung aus Klinkersteinen oder Sichtmauerwerk verschwinden zu lassen. Diese wirken wunderbar gepflegt und eignen sich auch für integrierte Sitzgelegenheiten direkt bei den Kois und ebenso für die Handfütterung Ihrer Tiere.

Die Bepflanzung

Normalerweise ist eine reiche Bepflanzung in Koiteichen nicht angebracht, da diese Fischart gerne alle Pflanzen herausreißt oder abfrißt. Wählen Sie deshalb immer nur robuste, großblättrige Pflanzen oder harte Binsenarten. Achten Sie bei allen Teichpflanzen darauf, daß die Blattränder nicht scharfkantig sind, da sich die Fische sonst bei schnellem Losschwimmen und beim Ablaichen verletzen könnten.
Möchten Sie jedoch auf keinen Fall auf eine Bepflanzung im Teich verzichten, so bietet sich folgende Möglichkeit an: Gestalten Sie den Teich so, daß etwa zwei Drittel der Wasserfläche zu einem tiefen Becken mit steilen Wänden und Bodenabläufen gehören. Das restliche Drittel können Sie nun ausschließlich als flache Pflanzenzone einrichten. Trennen Sie den Pflanzenteil aber so ab, daß mit dem tiefen Bereich nur ein Wasseraustausch besteht, die Kois aber keinen Zugang haben - denn Kois haben Pflanzen zum Fressen gern.

Zur Trennung der beiden Teile und wegen der schöneren Optik wäre eine Holz- oder Steinbrücke denkbar.

Die Randbepflanzung

Um die Kois daran zu hindern, die Pflanzen im Teich zu fressen, sollte sich die Bepflanzung, wenn überhaupt, auf den Teichrand beschränken. Pflanzen in Verbindung mit einer großen Fels- oder Steineinfassung wirken immer besonders dekorativ und gewaltig.

✔ Achten Sie jedoch darauf, daß keine scharfkantigen oder spitzen Felsen oder Steine in das Wasser ragen, denn daran könnten sich Ihre Fische verletzen.

✔ Nehmen Sie Felsen aus Ihrer Nähe. Der Vorteil dabei ist, daß sie farblich gut zum Landschaftsbild passen und daß keine langen, teuren Anfahrtswege für die schweren Steine nötig sind.

Durch einen Steg läßt sich das flache Sumpfbecken optisch gut vom tiefen Koiteich trennen.

TIP

Pflanzen im Koiteich

Verzichten Sie auf eine direkte Bepflanzung des Koiteiches, da diese nur zusätzlichen Schmutz macht und die Kreisströmung sehr beeinträchtigt.
Für See- oder Teichrosen stellen Sie einen großen Topf auf Füßen in das Becken und packen die Pflanzen gut mit großen Steinen um den Wurzelballen ein. Bei einem sehr tiefen Teich haben die Pflanzen durch den erhöhten Standort bessere Möglichkeiten, schneller an die Oberfläche zu gelangen.
Verwenden Sie immer nur stabile, großblättrige Pflanzen im Koiteich.
Von einer zusätzlichen Düngung oder der Verwendung von Pflanzerde ist abzuraten, denn die Wasserpflanzen sollen ihre Nährstoffe ausschließlich aus dem Teichwasser entnehmen.

Der Bachlauf

Eine weitere Möglichkeit der Bepflanzung bietet ein kleiner Bachlauf oder Graben, der sich in den Teich ergießt. Die Ränder können Sie üppig bepflanzen, Sie müssen dann nur verhindern, daß Ihre Kois hineinschwimmen.
Zusätzlich lockert der Bachlauf die strenge Optik eines Koiteiches etwas auf. Ergießt sich das Wasser in Form eines kleinen Wasserfalls in den Teich, dient dies außerdem der Sauerstoffzufuhr der Fische.
Achten Sie jedoch darauf, daß das Wasser nicht zu wild in den Teich stürzt. Die Folge ist eine durch Wellen gebrochene Teichoberfläche, die die ungestörte Beobachtung der Kois stört.

Ein wahres Meisterstück ist diese Brücke. Gleichzeitig spendet sie den Kois Schatten.

Umgestaltung zum koigerechten Teich

Die Schönheit und Zutraulichkeit von Kois hat schon so manchen Gartenteichbesitzer überrascht und ihn veranlaßt, seinen Biotop- oder Gartenteich – obwohl nur wenige Monate alt – für die Haltung von Kois umzugestalten.

Was zu tun ist:

✔ Trennen Sie flache Randzonen, in denen sich die Kois durch Pflanzen wühlen können, durch große runde Steine vom tieferen Teil ab. Dadurch können die Fische nicht mehr hineinschwimmen.

✔ Entfernen Sie reichliche Bepflanzungen in der Mitte des Teiches, um ein freies Schwimmen der Fische zu ermöglichen.

✔ Der Einbau eines Filters, in dem das Teichwasser gereinigt wird, ist immer nötig.

✔ Eine gute Belüftung des Teichwassers ist unbedingt notwendig, um die von den Kois benötigte Sauerstoffmenge zu gewährleisten.

Probleme im Winter

Das größte Problem bei der Umgestaltung stellt jedoch fast immer die fehlende Teichtiefe dar, denn in Teichen von 40 bis 100 cm Tiefe ist eine Überwinterung für die Fische bedrohlich, da das Wasser zu stark abkühlt.

Aus diesem Grund müssen Sie den Teich tiefer gestalten und versuchen, die Teichwände so steil wie möglich zu bauen. Dadurch erhalten Sie ein enorm großes Wasservolumen, das den

Temperaturschwankungen zwischen Tag und Nacht standhält.
Im gleichen Arbeitsschritt können Sie dann einen Bodenablauf einbauen, der zu einer wesentlichen Verbesserung der Wasserqualität im Teich führt. Ist kein Bodenablauf vorhanden, muß der Teich einmal im Jahr gründlich von Schmutz und Schlamm gereinigt werden.
Können Sie den Teich nicht tiefer graben, oder besteht keine Möglichkeit, die Kois im Haus zu überwintern, müssen Sie in der kalten Jahreszeit auf jeden Fall eine isolierende Teichabdekkung anbringen. Fallen die Temperaturen im Wasser unter 4 °C, muß zugeheizt werden.
Eine zweite Möglichkeit, fehlende Wassertiefe und Volumen zu bekommen, bietet Ihnen eine Randaufmauerung. Bei einer leichten Erhöhung von etwa 50 bis 60 cm können Sie bereits eine Wasserstandserhöhung von nahezu 30 bis 40 cm erreichen. Da bei den meisten Folienteichen die Folie am Rand noch zirka 50 cm ins Erdreich ragt, muß oft nicht einmal angestückelt werden, sondern nur der obere Folienrand mit einer Schiene an der neuen Mauer befestigt werden. Dieser gemauerte Absatz lädt zum Verweilen ein. Zudem erleichtert er die Fütterung, da das lästige Knien entfällt.
Diese bauliche Veränderung ist allerdings kälte- und windanfällig und sollte deshalb mit einer Wärmedämmung versehen werden.
Hinweis: Für alle genannten größeren Umbaumaßnahmen ist es ratsam, die Kois während dieses Zeitraums in ein speziell dafür vorbereitetes Quartier umzusetzen, um ihnen den Baustreß zu ersparen.
Um eine direkte Sonneneinstrahlung zu verhindern, sollte der eine oder andere Baum als Schattenspender am Rand gepflanzt werden. Immergrüne Bäume eignen sich besonders gut, da sie kein Laub in den Teich fallen lassen und auch schon im zeitigen Frühjahr beschatten.

Checkliste Umgestaltung

1. Teichränder steiler bauen, um ein größeres Wasservolumen zu bekommen und um die Kois vor Verletzungen zu schützen.
2. Ergänzung eines Filters zur Verbesserung der Wasserqualität.
3. Zusätzliche Belüftung zur Gewährleistung der benötigten Sauerstoffmenge.
4. Bei zu geringer Tiefe Teichabdeckung für die sichere Überwinterung der Kois anbringen.
5. Entfernen eines großen Teiles der Bepflanzung, um den Kois freies Schwimmen zu ermöglichen.
6. Nach Möglichkeit Einbau eines Bodenablaufs und Skimmers.
7. Höhere Randbepflanzung wie Bäume zur Beschattung des Teiches. Möglichst immergrüne Gewächse wählen.
8. Entfernung von scharfkantigen oder spitzen Gegenständen, zum Beispiel Springbrunnen.
9. Wasserzulauf vom Filter in den Teich so anbringen, daß das Wasser im Uhrzeigersinn kreist.

PRAXIS FOLIENTEICH

Einen Gartenteich oder Koiteich mit Folie auszulegen, ist nach wie vor ein aktuelles Thema. Immer mehr Hersteller bieten gute, elastische Teichfolien an. Mittlerweile können auch ohne weiteres Bodenabläufe, Wasserzulauf oder Skimmer in die Folien eingearbeitet und sicher abgedichtet werden.
Grundsätzlich unterscheidet man zwei Arbeitsweisen.

Folie als Ganzes
Die Methode, den Untergrund mit einer Folie aus einem Stück auszukleiden, ist nur bei sommerlichen Temperaturen zu empfehlen. Besonders schwierig ist hierbei das möglichst faltenfreie Einlegen der Folie. Der Untergrund muß frei sein von spitzen Steinen oder Ästen und am besten mit Sand verfestigt werden. Darauf sollte ein Nagerschutzgitter liegen, das zusätzlich mit einem Vlies abgedeckt wird. Erst nach dieser Vorbereitung wird die Folie eingelegt.

Vorteil:
✔ Sehr kostengünstig in der Anschaffung.
✔ Schnell in Eigenarbeit verlegt.

Nachteil:
✔ Steile Wände sind sehr schwierig zu gestalten.
✔ Beim Einlegen der Folie entstehen immer störende Falten.
✔ Eine Randbefestigung ist nicht ganz gewährleistet.
✔ Stark wurzelnde Pflanzen, wie Bambus, können die Folie durchdringen.

Folienbahnen verschweißen
Darunter versteht man das Einbringen von Folienbahnen, die passend zur Teichform miteinander verschweißt werden. Um dies zu ermöglichen, muß der Untergrund mit Mager- oder Spritzbeton glatt modelliert werden. Bei dieser Vorarbeit können nun ohne weiteres ein stabiler Teichrand und ebenso steile Wände geschaffen werden.

Vorteil:
✔ Saubere, faltenfreie Verarbeitung der Folie.
✔ Große Steine und Felsen können auch bei steiler Wandkonstruktion am Rand aufgesetzt werden.
✔ Verschweißbare Folien haben eine lange Haltbarkeit und sind stark belastbar.

Nachteil:
✔ Die Folienbahnen können nur vom Fachmann verlegt werden.

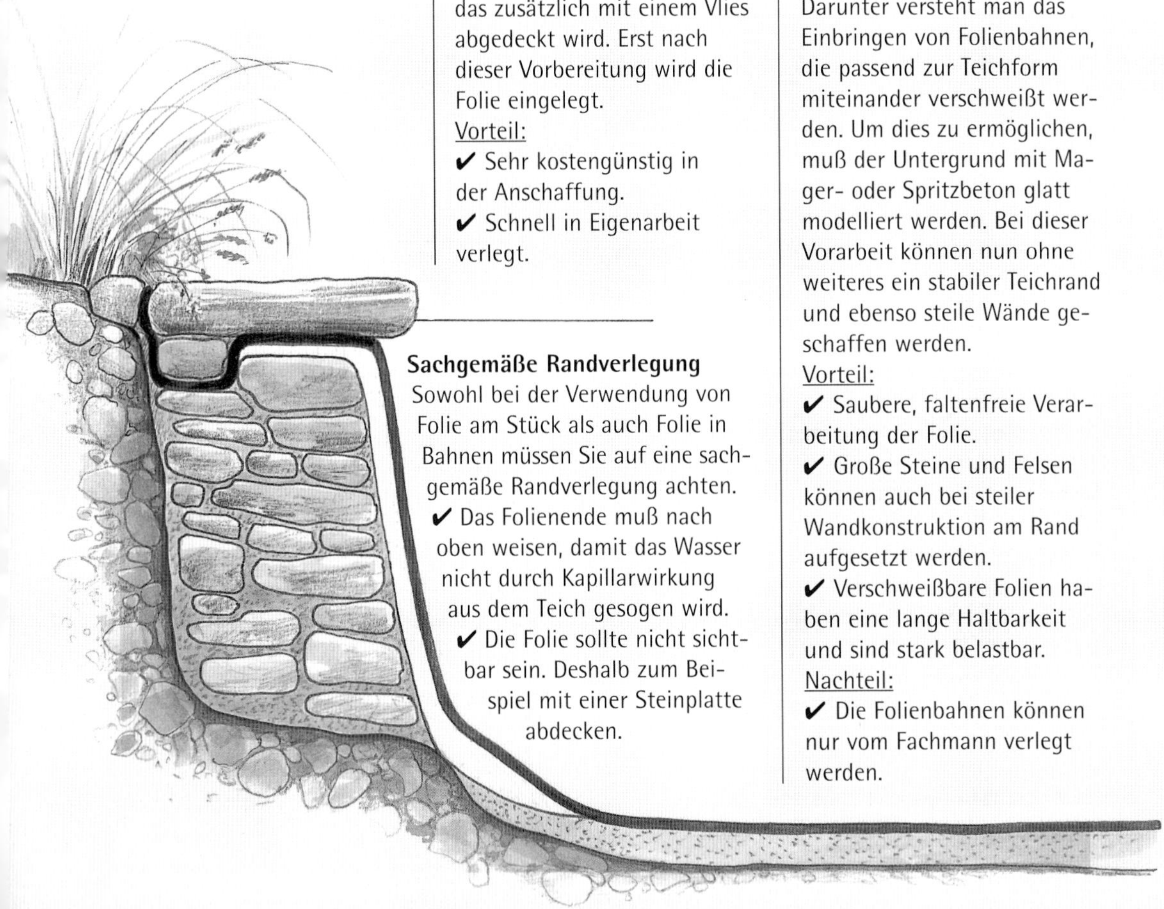

Sachgemäße Randverlegung
Sowohl bei der Verwendung von Folie am Stück als auch Folie in Bahnen müssen Sie auf eine sachgemäße Randverlegung achten.
✔ Das Folienende muß nach oben weisen, damit das Wasser nicht durch Kapillarwirkung aus dem Teich gesogen wird.
✔ Die Folie sollte nicht sichtbar sein. Deshalb zum Beispiel mit einer Steinplatte abdecken.

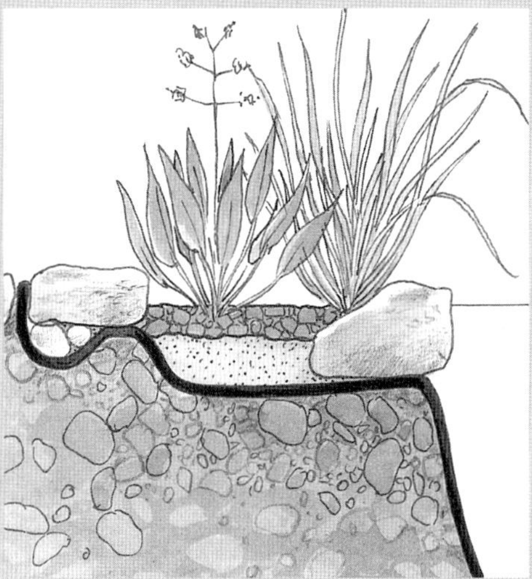

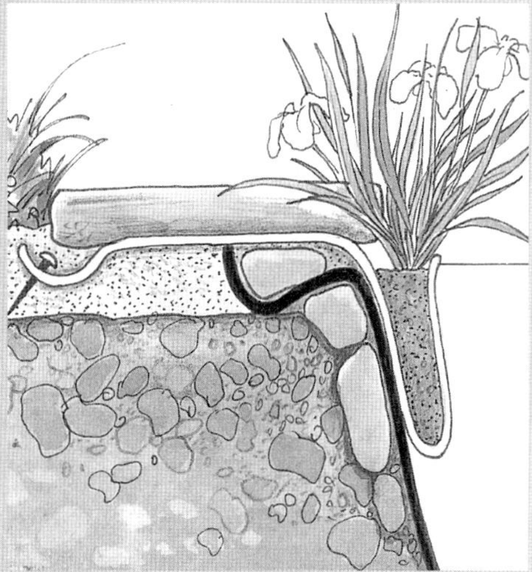

Für eine Randbepflanzung gibt es 2 Möglichkeiten:

1. Sie formen mit der Folie ein kleines Sumpfbecken, in das Sie die Gewächse pflanzen. Die flache Zone muß mit Steinen zum tiefen Bereich hin abgegrenzt werden, damit die Kois nicht hineinschwimmen können.

2. Sie bringen sogenannte »Pflanztaschen« (im Fachhandel erhältlich) an, die in das Wasser gehängt werden. In den Taschen können sich die Pflanzen stark verwurzeln, ohne von den Kois beknabbert zu werden.

✔ Die Folie liegt deshalb preislich wesentlich höher als die Folie am Stück.

Darauf sollten Sie achten

✔ Verwenden Sie bei beiden Varianten keine »Billigfolien«, da diese oft Weichmacher an das Wasser abgeben, die für Ihre Fische giftig sind. Da das Wasser aber nur sehr langsam vergiftet wird, ist es meist erst zu spät erkennbar.

✔ Wählen Sie als Folienfarbe am besten Schwarz oder Dunkelgrün, denn bei dunklem Untergrund wirken die Kois am farbintensivsten. Ein weiterer Vorteil der dunklen Farbe liegt darin, daß eine natürliche Patina (leichter grüner Algenbewuchs) auf dieser nicht schmutzig, sondern natürlich aussieht.

✔ Die Folie für Koiteiche sollte gegen UV-Licht beständig sein, da sie nicht mit Kies oder Sand wie beim Biotopbereich abgedeckt wird.

✔ Idealer Temperaturbereich zum Verlegen der Folie ist zwischen 15 ° und 25 °C.

✔ Egal für welche Variante des Folienteiches Sie sich entscheiden: Setzen Sie immer einen Bodenablauf, auch wenn Sie zunächst nicht an eine professionelle Teichfilterung denken. Späteres Nachrüsten in die Folie ist fast nicht mehr möglich.

Hinweis: Ziehen Sie bei nachträglichem Ankleben oder Verschweißen mit neuer Folie unbedingt den Hersteller zu Rate. Nicht jede Folie läßt sich nämlich gleich gut verbinden.

DIE RICHTIGE HALTUNG VON KOIS

Die Haltung der schönen Kois ist etwas ganz Besonderes und nicht mit der Haltung anderer Kaltwasserfische im Biotop- und Gartenteich zu vergleichen. Es ist keinesfalls nur ein Hobby für Fischprofis, sondern für jeden geeignet, der Spaß an der Haltung von Tieren und an der Natur hat.

Der tägliche Umgang

Ein schön angelegter Koiteich stellt sicherlich eine Bereicherung für Ihren Garten dar, an der sich jedes Familienmitglied und auch Freunde des Hauses erfreuen können. Allerdings erfordert die Haltung und Pflege von Tieren meist viel Zeit, die Sie in Ihren Tagesplan einrechnen müssen. Durch eine reiflich durchdachte und gut gebaute Koiteichanlage können Sie den Arbeitsaufwand auf ein Minimum herabsetzen. Dadurch sind Sie nicht mehr auf stündliche oder tägliche Pflege- und Fütterungsintervalle angewiesen.

Das richtige Futter

Die Fütterung ist für das Wohlbefinden Ihrer Kois ein besonders wichtiger Punkt. Die weit verbreitete Meinung, daß Karpfen Schlamm und Algen fressen und sich davon ausreichend ernähren können, ist völlig falsch. Ganz im Gegenteil: Die Herstellung von Alleinfuttermitteln für Kois ist weit aufwendiger und teurer als die von Lachs- oder Forellenfutter. Das liegt daran, daß Zierkarpfen eigentlich Naturnahrung wie Plankton, Larven, Insekten oder kleine Würmchen brauchen und diese im Koiteich aber nur begrenzt zur Verfügung steht.

Mittlerweile gibt es sehr viele gute, in Europa hergestellte Alleinfuttermittel speziell für Kois. Einige gut sortierte Händler bieten auch Spitzenfutter direkt aus Japan, der Koihochburg, an. Haben Sie ein gutes Koi-Hauptfutter gefunden, das Ihren Fischen sichtlich gut tut, sollten Sie es nicht dauernd wechseln.

Gutes Koifutter besteht überwiegend aus

✔ weißem Fischmehl, Weizenmehl, Maismehl, Sojabohnenmehl, Weizenkeimen, Trockenhefe,

✔ den Vitaminen A, C, D_3, E, K_3, B_1, B_2, B_6, B_{12},

✔ Mineralien, wie Phosphor, Kalzium, Magnesium, Mangan, Kupfer, Eisen, Jod, Zink, Kobalt, Aluminium.

Als Beikost können Sie jederzeit gekochten Reis, Salatblätter, Haferflocken, Maden, Mehlwürmer oder Regenwürmer füttern. Auch ist hin und wieder eine Scheibe Brot durchaus erlaubt. Sie sollten aber auf die Hauptfütterung mit speziellem Koifutter nicht verzichten.

Für die Farbqualität der Kois sollte man ab und zu Futter mit farbverbessernden Zusatzstoffen verwenden. Bei preisgünstigen Futtermitteln

Wassereinläufe sind nicht nur schön, sie reichern das Teichwasser mit Sauerstoff an.

TIP

Kois genau beobachten

Während der Fütterung bietet sich die beste Kontrolle über Ihre Kois. Nehmen Sie sich genügend Zeit und studieren Sie bei dieser Gelegenheit die Eigenarten jedes einzelnen Fisches genau. So können Sie später anhand veränderter Verhaltensweisen schnell ein eventuelles Unwohlsein Ihrer Tiere erkennen.
Denken Sie daran, daß auch bei Kois wie beim Menschen »die Liebe durch den Magen« geht. Nutzen Sie diese Möglichkeit, um die Kois auf diesem einfachen Wege zutraulich zu machen und an Ihre Anwesenheit zu gewöhnen. Bieten Sie ihnen das Futter aus der Hand an. Mit der Zeit lassen sich Ihre Fische dann sogar am Kopf kraulen.

wird dies durch Zugabe von Karotinoiden erreicht. Dieser Zusatzstoff verbessert jedoch bei zu starker Fütterung nicht nur das Rot, sondern es verursacht manchmal auch eine unerwünschte Gelbfärbung im Weiß. Bei dem erheblich teureren Zusatzstoff Spirulina bleibt das strahlende Weiß Ihrer Kois trotzdem erhalten.
Hinweis: Von der Größe und Form der angebotenen »Pellets« (Futtersticks) können Sie niemals auf die Qualität des Futters schließen, da bei dessen Produktion von den verschiedenen Herstellern die gleichen Maschinen verwendet werden.

Die Futtermenge

Kois sind wechselwarme Tiere, deshalb hängen ihre Verdauung und der Stoffwechsel überwiegend von der jahreszeitlich wechselnden Wassertemperatur ab. Die Hersteller von Koifutter haben sich darauf eingestellt und bieten für die unterschiedlichen Jahreszeiten entsprechendes Futter an. Verfüttern Sie bei kühlem Wetter weniger als bei warmem. Während Ihrer Abwesenheit, zum Beispiel Urlaub, sollte genau die Hälfte der sonst von Ihnen gegebenen Tagesration verfüttert werden. Außerdem spielen für die Futtermenge auch die Besatzdichte und vor allem die Wasserqualität eine wichtige Rolle.
Die drei wichtigsten Wasserwerte, die Sie in diesem Zusammenhang regelmäßig überprüfen sollten, sind der pH-Wert, der Ammoniumgehalt und der Nitritwert.
Die genaue Bestimmung des pH-Wertes ist sehr wichtig, da der bei der Verdauung von den Fischen produzierte Stickstoff über die Kiemen ausgeschieden wird und sich bei zu hohen pH-Werten von ungiftigem Ammonium zu giftigem Ammoniak umwandelt.

✔ Der ideale pH-Wert liegt bei 7 bis 7,5.
✔ Ein saurer Wert bis 6,5 kann durchaus noch toleriert werden.
✔ Bei pH-Werten über 8,5 muß die Fütterung sehr stark reduziert werden, bei noch höheren Werten muß sie umgehend eingestellt werden.
✔ Es besteht die Möglichkeit, den zu hohen pH-Wert durch Zugabe eines entsprechenden handelsüblichen Mittels zu senken.
✔ Ein zu geringer pH-Wert kommt nur selten vor. Er kann durch kleine Zugaben von gelöstem Branntkalk ausgeglichen werden.

Ammonium ist eine Stickstoffverbindung, die durch organische Verunreinigungen des Wassers durch Fischkot, Harnstoff und Futterreste entsteht. Der größte Teil dieser Ausscheidungen sind Eiweiße, die in einem biologisch gut eingefahrenen Filter (→ Seite 30) von nützlichen Bakterien über verschiedene Zwischenstufen zu Ammonium und weiter über Nitrit zu Nitrat abgebaut werden.

10 Goldene Regeln
der richtigen Fütterung

1 Füttern Sie nur soviel, wie innerhalb von 5 Minuten aufgefressen wird.

2 Füttern Sie die Kois öfters und lieber in kleineren Mengen. Sie haben keinen Magen und somit auch keinen Platz für große Futtermengen.

3 Richten Sie die Futterart und -menge nach der Wassertemperatur. Bei kühlem Wasser darf nur wenig und leicht verdauliches Futter gegeben werden. Bei höheren Temperaturen kann schon wesentlich mehr und auch proteinhaltigeres Futter verabreicht werden.

4 Verfüttern Sie nie altes, feuchtes oder gar schimmeliges Futter. Koifutter sollte immer frisch und »appetitlich« riechen.

5 Im Herbst füttern Sie die Kois solange, wie sie gerne fressen und bis die Temperaturen unter 10° C fallen.

6 Verabreichen Sie, wenn möglich, nur Futter, das schwimmt. So haben Sie eine genaue Kontrolle, wie schnell die Körnchen aufgenommen werden und ob alle im Teich befindlichen Fische gefressen haben.

7 Nach dem Transport oder beim Umsetzen der Kois sollte nur wenig gefüttert werden.

8 Vor oder bei einem nötigen Medikamenteneinsatz im Teich darf auf keinen Fall gefüttert werden.

9 Beim Füttern in warmem Wasser ist stets darauf zu achten, daß sich genug Sauerstoff im Wasser befindet, denn für die Verdauung wird eine große Menge davon benötigt.

10 Füttern Sie keine Essens- oder Küchenreste! Hochwertiges Koifutter bewährt sich für das Wohlbefinden Ihrer Kois auf Dauer am besten. Zusätzlich können Sie Haferflocken, Salat, Seidenraupenpuppen, Shrimps und Regenwürmer als willkommene Abwechslung bieten.

Bei Teichen mit ungleicher Randgestaltung ist ein Futterring günstig, um das Futter zusammenzuhalten.

Ammonium ist zwar ungiftig, da es sich aber bei hohen pH-Werten zu giftigem Ammoniak umwandelt, sollte es im Wasser nicht meßbar sein.

✔ Ein Ammoniumgehalt von 0,1 bis 0,5 mg/l ist tolerierbar.

✔ Bei Werten über 0,5 mg/l sollten Sie die Fütterung einstellen. Kleinere Wasserwechsel (maximal 25 % des Teichwassers) im Abstand von mehreren Tagen sind ratsam.

Nitrit ist eine sehr giftige Stickstoffverbindung, die beim Abbau von Ammonium entsteht. Es sollte im Teichwasser nahezu nicht meßbar sein.

✔ Werte bis 0,3 mg/l sind akzeptabel.

✔ Bei Werten von 0,3 bis 0,6 mg/l sollte die Fütterung reduziert werden.

✔ Bei Werten über 1,0 mg/l müssen Sie die Fütterung sofort einstellen! Kleinere Wasserwechsel (maximal 25 % des Teichwassers) sind notwendig.

Sehr hohe Nitrit-Werte dauern meist lange an und können nur bei aktiver Filtertätigkeit rascher sinken.

Nitratgehalt, Karbonathärte und Gesamtwasserhärte spielen für Kois eine untergeordnete Rolle.

Nach dem Einsetzen von Fischen in neue Teiche ist immer mit dem Ansteigen des Ammonium- und Nitritwertes zu rechnen. Das ist ein ganz natürlicher Vorgang, da sich der neue Filter erst stabilisieren muß und auf die anfallenden Ausscheidungen einspielt. Setzt diese Situation ein, so reduzieren Sie die Futtermenge oder stellen das Füttern ganz ein. Übrigens, die meisten Kois haben gute Fettreserven und können auch bei höheren Wassertemperaturen ein Weilchen ohne Futter auskommen.

Das Wachstum der Kois

Kois wachsen in den ersten 4 bis 5 Lebensjahren um ein Vielfaches schneller als in den darauffolgenden Jahren. Das Wachstum hängt überwiegend von der Wassertemperatur und dem von Ihnen verabreichten Futter ab. Unter 10 °C wachsen Farbkarpfen überhaupt nicht. Bei Temperaturen bis 20 °C wachsen sie langsam, aber durchaus sichtbar. Ab 20 ° bis 27 °C können diese Fische sensationell schnell wachsen und »Jumboformat« annehmen.

Das enorme Wachstumspotential können Sie durch entsprechend hochkonzentriertes proteinhaltiges Futter und die Leckerbissen »Seidenraupenpuppen« beschleunigen. Die starken Proteinfutter sollten Sie jedoch erst bei Sommertemperaturen ab 20 °C reichen, da sie zu gefährlicher Verfettung der inneren Organe oder zu Kiemenschäden führen können.

Kois zeigen große individuelle Unterschiede, was das Wachstum betrifft; manche wachsen langsam oder fast gar nicht, obwohl sie kerngesund sind. Beobachtungen zufolge wachsen Kois in großen Teichen schneller als in kleinen. Das ist sicher darauf zurückzuführen, daß sich die Tiere dort wohler fühlen. Dennoch wachsen Kois auch in kleineren Becken sehr gut, was in einem Futterversuch nachgewiesen wurde.

Kois schwimmen gerne gegen die Strömung des Wassers. Das tut ihnen sehr gut, denn dadurch bekommen sie eine längere, muskulösere Körperform. In einem ruhigen, stehenden Gewässer nehmen sie zwar genauso viel zu, werden aber meist zu fett und neigen zu der eher unerwünschten Spiegelkarpfenform.

VERSORGUNG IM URLAUB

Bei einem gut durchdachten Koiteich können Sie ohne weiteres einige Tage verreisen. Sollten Sie länger abwesend sein, dann müssen Sie Vorbereitungen treffen.

- ✔ *Säubern Sie den Teichfilter vor der Abreise noch einmal gründlich.*
- ✔ *Kaufen Sie kurz vor Ihrem Abreisetermin keine neuen Kois dazu.*
- ✔ *Nehmen Sie keine baulichen Veränderungen an einer gut funktionierenden Anlage vor.*
- ✔ *Technik: Sorgen Sie dafür, daß jemand die Wasserwerte kontrolliert und darauf achtet, daß Lüftungs- und Wasserpumpe einwandfrei funktionieren. Wenn die Wasserpumpe außer Betrieb ist, liegt es meistens nur an einer Sicherung.*

Der Ausfall der Lüftungspumpe hat jedoch weit schlimmere Folgen, denn der biologische Teil des Teichfilters verbraucht große Mengen des Sauerstoffs aus dem Teichwasser. Dadurch ist dann eine ausreichende Versorgung der Fische nicht mehr gewährleistet. Als Sofortmaßnahme sollte der Teichfilter abgestellt werden, bis die Belüftung wieder funktioniert.

- ✔ *Fütterung:* *→ Seite 42.*

Kinder und Kois

Auf Kinder üben die farbenprächtigen Kois eine nahezu magische Anziehungskraft aus. Das liegt sicher zum einen an der vielfältigen bunten Zeichnung, zum anderen an ihrer Zutraulichkeit. Kinder schaffen es oft sogar mit Hilfe von Leckerbissen, den Kois kleinere Kunststücke beizubringen. Die Fische können durchaus lernen, auf einen bestimmten Pfiff heranzuschwimmen.

Oft hat man auch das Gefühl, daß Kois zu Kindern eine größere Zutraulichkeit entwickeln als zu Erwachsenen. Ein Grund dafür kann sein, daß Kinder gerne stundenlang am Wasser sitzen und gelegentlich schon mal die Füße darin baden. Durch die vertrauten Geräusche, das Lärmen und die schnellen Bewegungen der Kinder verlieren die Kois rasch ihre Scheu, denn sie erkennen »ihre« Menschen genau.

Kinder geben den Kois oft auch eigene Namen, was sicherlich zu einer besseren Beziehung zwischen Mensch und Tier führt.

Gefahrenzone Koiteich

So schön die Harmonie zwischen Kindern und Kois auch zu beobachten ist, unterschätzen Sie jedoch nie die Gefahren, die durch einen Koiteich entstehen können!

- ✔ Kleinere Kinder dürfen niemals unbeaufsichtigt in der Nähe oder direkt am Ufer des Koiteiches spielen.
- ✔ Treffen Sie bitte geeignete Maßnahmen, um zu verhindern, daß Ihre eigenen oder andere Kinder in das Wasser fallen!
- ✔ Lassen Sie nie Koifutter, Medikamente oder gar Desinfektionsmittel für Kinder erreichbar beim Teich stehen.
- ✔ Achten Sie darauf, daß UV-Lampen so angebracht werden, daß sie nicht einsehbar sind. Das Licht entspricht einem Schweißstrahl!
- ✔ Achten Sie darauf, daß keine Stecker offen herum liegen. Energiequellen sind in Verbindung mit Wasser lebensgefährlich.
- ✔ Lassen Sie Filter- oder Pumpenschächte nur während der Reinigung offen stehen, um Stürze zu vermeiden.
- ✔ Winterliche Abdeckungen müssen gut gesichert werden, da Kinder das Besteigen oftmals als kleine Mutprobe ansehen.

Trotz dieser Punkte, die zu bedenken sind, möchte ich Ihnen die Haltung von Kois empfehlen, denn sie ist eine gute Gelegenheit, um Kindern ein Stückchen Natur näherzubringen.

Zum Schutz vor zu großer Kälte wird der Koiteich im Winter mit Kunststoffhohlkugeln abgedeckt.

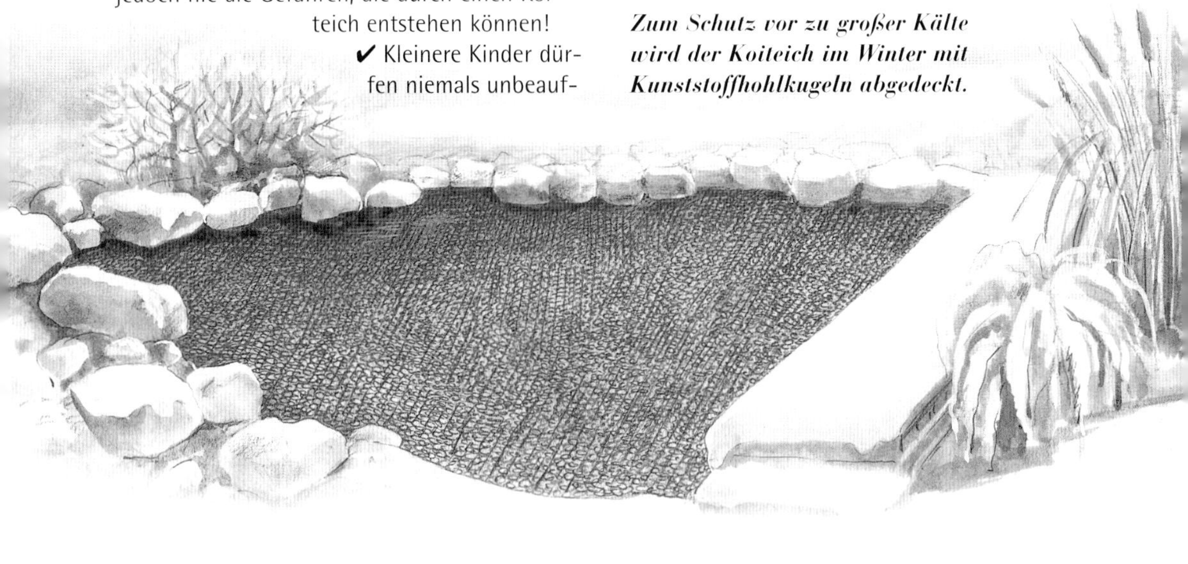

Pflege rund ums Jahr

Jahreszeit	Fütterung	Pflege	Technik
Frühjahr	Bei sichtbarem Hunger der Kois leicht verdauliches Futter in kleinen Mengen verabreichen.	Untersuchung der Kois auf Verletzungen (geeignete Medikamente oder Desinfektionsmittel im Fachhandel). Überprüfen der Kois auf Laichreife. Künstliches Laichgras im Teich ergänzen. Laichen mehrere Weibchen gleichzeitig ab, die Fütterung einstellen und kleinere Wasserwechsel vornehmen.	Abdeckung vom Teich nehmen, sobald die Außentemperatur am Tag konstant bei 10 ° bis 15 °C liegt. Bei Nachtfrost nach Möglichkeit leicht zuheizen. Gründliches Durchspülen der Bodenabläufe und Rohre zum Filter. Einbau neuer Röhren in die UV-Lampen. Mindestens einmal pro Woche Messen aller Wasserwerte.
Sommer	Bei Wassertemperaturen von 18 ° bis 26 °C gut füttern. Fütterung der Temperatur anpassen (→ Seite 42).	Regelmäßige Kontrolle der Kiemen, oder Versetzen des Wassers mit Kiemenpulver im Abstand von 6 bis 8 Wochen. Frischwasserzugabe möglichst mit abgestandenem Wasser.	Regelmäßige Reinigung des Filters. Bei höheren Temperaturen Sauerstoffgehalt überprüfen. Flache Teiche vor starker Sonneneinstrahlung beschatten. Pumpen für Belüftung u. Filter regelmäßig kontrollieren.
Herbst	Bei sinkenden Temperaturen Fütterung reduzieren, aber so lange wie möglich hinauszögern, um die Winterpause zu verkürzen.	Keine neuen Kois mehr einsetzen. Den Teich eventuell mit einem Netz vor zu großen Laubmengen schützen. Kois noch vor der Winterung von lästigen Hautparasiten befreien (Desinfektionsbad).	Teiche ohne Bodenablauf vor dem Winter komplett reinigen. Eine stark wuchernde Randbepflanzung zurückschneiden (Fäulnis-Gefahr). Reparatur- und Umbaumaßnahmen jetzt vornehmen.
Winter	Fütterung ganz einstellen!	Vermeiden unnötiger, lauter Geräusche und Bodenerschütterungen.	Bis Anfang/Mitte Dezember den Koiteich abdecken. Die Wassertemperaturen nicht unter 4 °C fallen lassen, gegebenenfalls zuheizen! Filterung und Teichströmung stark reduzieren oder ganz abschalten. Dann Rohre, Filter und Pumpen vor Frost schützen. Belüftung nie ganz abschalten! Hin und wieder die Wasserwerte überprüfen.

Besondere Freude bereitet die Fütterung zutraulicher Kois aus der Hand.

Die Pflege der Kois

Das Wichtigste für Ihre Kois ist die umsichtige Behandlung.

✔ Das Fangen mit einem Kescher sollte möglichst schonend und streßfrei vor sich gehen. Verlorene Schuppen und Hautverletzungen sind leider sehr lange sichtbar, und es bleiben oft Narben davon zurück. Für das Einfangen der Fische gibt es spezielle runde Kescher, bei denen das Netztuch ohne Knoten verwoben ist.

✔ Gehen Sie auch bei Umsetzungsaktionen schonend vor. Verwenden Sie dafür am besten spezielle Handkescher, die auf beiden Seiten geöffnet sind. Um kleinere Strecken zurückzulegen, nehmen Sie einen stabilen Plastiksack, der mit etwas Wasser gefüllt ist.

Bei der Pflege beachten

✔ Versuchen Sie bitte nie, einen größeren Koi ohne Hilfsmittel, wie einen Kescher, mit bloßen Händen aus dem Wasser zu nehmen – auch wenn das bei einem Koihändler so einfach ausgesehen hat.

✔ Alle Gerätschaften, mit denen Ihre Tiere in Berührung kommen, sollten rund, kantenfrei und sauber sein.

✔ Wenn Sie die Kois anfassen, achten Sie stets darauf, daß Ihre Hände naß sind. Die empfindliche Schleimhaut ist schnell verletzt.

✔ Auch Ihre Fingernägel sollten kurz sein, um die Tiere nicht zu verletzen. Hat sich ein Fisch trotzdem eine kleine Verletzung zugezogen, so verwenden Sie am besten ein Desinfektionsmittel aus Ihrer eigenen Hausapotheke.
✔ Von unnötigem Fangen oder dem Transportieren zu Ausstellungen rate ich Ihnen ab. Auch sollten Sie aus Hygienegründen Ihre Kois nicht mit anderen Kois konfrontieren.

Pflegemaßnahmen

Im allgemeinen ist die Pflege von Kois nicht kompliziert. Wenn Sie sich ein wenig nach der Natur richten, dann wird Ihnen die Koihaltung bestimmt viel Freude bereiten.

Dies ist zu tun:
✔ Bei stark besetzten Teichen sind kleine Wasserwechsel hin und wieder ratsam. Sie sollten jedoch nie mehr als 25 bis 30 % des gesamten Teichvolumens austauschen.
✔ Wegen der Schmutz- und Schwermetallbelastung sollte aus Regenrinnen aufgefangenes Wasser nicht verwendet werden.
✔ Eine ganzjährige Zugabe von Salz im Teich (0,5 bis 1 kg Salz auf 1000 l Wasser) hat sich gut bewährt. Das Salz unterstützt die Pflege der Haut und Kiemen. Zudem kann Teichwasser, das mit Salz versetzt ist, Sauerstoff besser binden. Am besten eignet sich hierfür jodfreies Speise- oder Viehsalz.
✔ Die Zugabe einer Mineralstoffmischung alle 8 bis 12 Wochen tut den Kois sehr gut und verbessert außerdem die Haut- und Farbqualität. Sie ist im Zoofachhandel erhältlich.
✔ Achten Sie darauf, daß die Temperaturunterschiede zwischen Tag und Nacht maximal 4 °C betragen.

Überwinterung der Kois

Eine Überwinterung im Teich ist für Ihre Kois immer das beste. Ist der Teich aber nicht tief genug und kann die Wassertemperatur dort nicht bei 4 °C gehalten werden, dann sollten Sie die Fische ins Haus nehmen.
✔ Richten Sie ein spezielles Becken ein, in dem Sie entweder das Wasser bei 4 ° bis 9 °C halten. Dann müssen Sie nicht füttern.
✔ Heizen Sie das Wasser auf 16 ° bis 18 °C und füttern Sie wenig.
Bei der letzteren Möglichkeit brauchen Sie jedoch wesentlich mehr Platz für die Tiere und außerdem ein gutes Filtersystem.
Bei großen Kois rate ich Ihnen wegen der Eireife, des Platzbedarfs und der Gefahr, daß die Tiere herausspringen, auf jeden Fall zu einer kühlen Überwinterung.

Um den Koi aus der Nähe zu begutachten, wird er in eine Inspektionswanne gesetzt.

Krankheiten vorbeugen

Wie beim Menschen sind auch bei den Kois die Ansteckung und der Ausbruch einer Krankheit sehr stark von der physischen und psychischen Verfassung abhängig. Deshalb ist es wichtig, für das Wohlbefinden der Kois zu sorgen. Dazu gehören, neben der ausreichenden Größe des Teiches, optimale Wasserwerte, eine ausgewogene Ernährung (→ Seite 42) und die Vermeidung von Störungen und Streß.

Welche Krankheiten gibt es?

Grundsätzlich unterscheidet man zwischen Parasitenbefall und Krankheiten, die durch Keime hervorgerufen werden. Beide Arten können jedoch für die Kois gleich gefährlich sein und im schlimmsten Fall sogar zum Tode führen.

Das Auftreten von Parasiten hängt sehr stark von der Teichhygiene und der Besatzdichte ab. Auch können Parasiten beim Kauf neuer Kois oder über Wasservögel eingeschleppt werden. Frühzeitig erkannt, können Sie die Plagegeister mit Desinfektionsmitteln oder entsprechenden Medikamenten bekämpfen.

Keime, wie Bakterien oder Viren, befallen die Fische meist dann, wenn sie durch Parasiten bereits geschwächt sind. Um diese abzustreifen, scheuern und reiben sich die Kois wild und können sich dabei die schützende Schleimhaut verletzen. An diesen Stellen treten bevorzugt bakterielle Hautinfektionen auf, die als rote, teils offene Stellen sichtbar werden.

Viruserkrankungen »schleppt man meist ein«, indem bereits infizierte Fische gekauft werden. Sie haben verheerende Folgen. Leider sieht man Fischen eine Virusinfektion nur sehr schwer an.

Krankheiten der inneren Organe kommen bei Kois eher selten vor. Zum Glück, denn diese können meist erst zu spät erkannt werden.

Beteiligt sich ein Fisch nicht am Fressen, ist er wahrscheinlich krank.

Krankheiten und Parasitenbefall

Ursache	Merkmale	Behandlung
Bakterielle Bauchwassersucht	Abgespreizte Schuppen, Glotzaugen, aufgequollener Körper.	Tierarzt aufsuchen. Fütterung oder Bad mit Antibiotika
Bakterielle Erkrankung: Hautinfektion	Entzündete Stellen, offene Wunden.	Tierarzt aufsuchen. Fütterung oder Bad mit Antibiotika, Wunden desinfizieren, Teichwasser auf über 26 °C erwärmen.
Bakterielle Kiemenschwellung	Appetitlosigkeit, apathisches Verhalten, angeschwollene Kiemen.	Tierarzt aufsuchen. Fütterung einstellen, Bad mit Kiemenpulver oder Chloramin T.
Viruserkrankungen: Fischtuberkulose	Entzündete Hautstellen, geschwollener Körper.	Tierarzt aufsuchen. Teichwasser auf über 26 °C erwärmen. Allgemeines Umfeld verbessern.
Karpfenpocken	Weißliche, gallertartige Erhebungen an verschiedenen Körperstellen.	Nicht bedrohlich für Kois! Verschwindet bei warmem Wasser von selbst.
Pilzerkrankungen: *Saprolegnia*	Weißlicher, watteartiger Belag.	Teichbad mit dem Wirkstoff Malachitgrünoxalat.
Außenparasiten (Hauttrüber): *Costia, Trichodina, Chilado-nella, Ichthyophthirius* (Grießkörnchenkrankheit)	Starkes Scheuern, verstärkte Atmung, Hautrötungen, starke Schleimbildung.	Tierarzt aufsuchen (Hautabstrich). Teichbad mit den Wirkstoffen Formalin und Malachitgrünoxalat
Außenparasiten (Hautsaugwürmer): Kiemen- und Hautsaugwürmer	Starkes Scheuern, Spucken.	Tierarzt aufsuchen (Hautabstrich). Teichbad mit dem Wirkstoff Mebendazol. Vorsicht, für Goldfische giftig!
Außenparasiten: Karpfenlaus, Fischegel, Ankerwurm	Starkes Scheuern, Springen. Parasit mit bloßem Auge sichtbar.	Tierarzt aufsuchen. Teichbad mit dem Wirkstoff Metrisonat. Vorsicht, für Goldorfen unverträglich!
Innenparasiten: Kratzer, Würmer	Appetitlosigkeit, gallertartiger Kot.	Tierarzt aufsuchen.

VERHALTENSWEISEN BEOBACHTEN

Kois sind liebenswerte Gesellen. Auch wenn sie keine typischen Schwarmfische sind, lieben sie das Zusammensein mit ihresgleichen. Sie sind grundsätzlich nicht aggressiv oder gar streitsüchtig. Ganz im Gegenteil: Sie sind richtige Friedfische, die sich auch mit artfremden Goldorfen oder Goldfischen gut vertragen.

Anatomische Merkmale

✔ Kois stammen vom Karpfen ab. Wie dieser besitzen sie keinen Magen. Aus diesem Grund brauchen sie nie große Futtermengen auf einmal. Wahrscheinlich zeigen sie deshalb beim Fressen keinen Futterneid.

✔ Kois haben keine Zähne. Dennoch können Sie größere Brocken verfüttern, denn diese werden mittels Kauplatten im Gaumen, den sogenannten Schlundzähnen, zermalmt.

✔ Ein auffälliges Merkmal bei Kois sind 4 Barteln am Maul: 2 große oben und 2 kleine unten. Darauf sitzen viele Geschmacksknospen und Tastkörperchen.

✔ Kois sind im allgemeinen recht robuste Fische, die selten krank werden. Eine gut ausgeprägte Schleimschicht schützt sie. Auch Sauerstoffmangel können sie sehr gut überstehen, indem sie eine Notatmung an der Wasseroberfläche beginnen.

✔ Der Geschmackssinn dieser Tiere ist gut ausgeprägt. Schmeckt ihnen etwas nicht, spucken sie es sofort wieder aus.

Küssende Kois werden oft beobachtet, dieses Verhalten ist jedoch nicht erforscht.

✔ Durch das Verabreichen bestimmter Leckerbissen kann man Kois so verwöhnen, daß sie andere Futtermittel nicht mehr mögen.

✔ Kois können zwar gut sehen, die meisten Wahrnehmungen werden jedoch über das Seitenlinienorgan aufgenommen. Es befindet sich beidseitig etwa auf der Hälfte des Rumpfes. Bei den teilbeschuppten Doitsu-Varianten ist dieses Sinnesorgan sehr gut sichtbar, denn hier liegt eine Reihe großer Schuppen. Über diese »Antennen« können die Kois sämtliche Veränderungen und Erschütterungen wahrnehmen. Sie erkennen sogar »ihre Menschen« an der Art des Schrittes und an dessen Bewegung.

✔ Kois sind gute Schwimmer. Sie treiben sich überwiegend mit kräftigen Bewegungen der Schwanzflosse an. Mit den Brustflossen können sie sehr geschickt in alle Richtungen manövrieren – sogar rückwärts. Bauch- und Afterflossen dienen zur Steuerung.

✔ Kois sind wechselwarme Fische. Ihr Stoffwechsel paßt sich der jeweiligen Wassertemperatur an. Dadurch brauchen sie bei winterlichen Temperaturen monatelang nichts zu fressen und zehren in dieser Zeit nur von ihren Fettreserven. An kühleren Tagen sind sie morgens träger und fressen lustloser.

TIP

Meditation am Koiteich

Ein Koiteich bietet Ihnen genau die richtige Kulisse, um zu meditieren. In Asien schon seit langem praktiziert, wird diese angenehme Art der Entspannung auch in Europa immer beliebter. Kois strahlen eine absolute Ruhe aus und lassen durch ihre gleichmäßigen Bewegungen Streß und Alltagssorgen vergessen.
Nehmen Sie nach Möglichkeit immer den gleichen Platz ein, denn Kois lieben das Gewohnte. Viele unbekannte Menschen auf einmal machen Ihre Kois nur unsicher und nervös.
Sie werden diese Stunden bestimmt genießen, auch wenn Sie keine besonderen Meditationstechniken kennen und einfach nur so am Teich entspannen möchten.
Um diese Situation noch zu unterstreichen, können Sie zusätzlich schöne Entspannungsmusik wie zum Beispiel Rhythmusmusik oder asiatische Klänge einlegen. Das erweckt dann fast den Eindruck, als ob Ihre Fische im Einklang mit der Musik ihre Runden ziehen und ihre Schwimmbewegungen nach den Klängen richten.

Die Größe bestimmt das Temperament

Große und kleine Kois unterscheiden sich etwas in ihrem Verhalten. Wenn Fische mit einer Körperlänge von ungefähr 25 cm zusammen sind, wirken sie ein wenig hektisch und wild. Vor allem beim Fressen schießen sie oft blitzschnell an die Oberfläche, um nach einem einzigen Körnchen zu schnappen.

Die größeren Kois bis etwa 70 cm Länge haben eine wohltuende Ruhe in sich, die geradezu ansteckt. Das ist auch nicht weiter verwunderlich, da ein so großer Fisch in der Natur nicht viel zu befürchten hat.
Bei den ganz großen, die mehr als 70 cm messen, hat man manchmal sogar den Eindruck, sie wären ein wenig faul. Trotzdem wirken sie geradezu majestätisch. Wer diese Riesen, die auch Jumbo genannt werden, einmal gesehen hat, wird sich bestimmt einen solchen in seinem Teich wünschen.

Typische Verhaltensweisen

Ganz besonders typisch für Kois ist ihre Zutraulichkeit, die sie relativ schnell erreichen. Dies hat sicherlich zu ihrer großen Popularität beigetragen. Aber jeder Fisch hat seinen eigenen Charakter.
Kois lieben eine leichte Strömung und sanft einplätscherndes Wasser. An solchen Stellen und an ins Wasser hängenden Pflanzen können sie oft stundenlang verweilen. Manchmal gewinnt man gar den Eindruck, daß sie einen Spieltrieb haben. Denn häufig lassen sie sich auch nur mit der Strömung wegtreiben. Zwischendurch beknabbern sie sich gegenseitig – das sieht aus, als ob sie sich küssen.
Gerne nehmen sie ein Sonnenbad, jedoch sollten Sie auch für schattige Entspannungszonen sorgen, wohin sich Ihre Fische bei Bedarf zurückziehen können.

Verhalten erlaubt Rückschlüsse

Kois sind Gewohnheitstiere. Verändern sie ihr typisches Verhalten, so können Sie daraus schließen, daß etwas nicht stimmt. Diesen Fisch sollten Sie genauer beobachten.

✔ Ein Fisch sondert sich dauerhaft vom Schwarm ab, in dem er sich sonst überaus gerne aufgehalten hat.

✔ Normalerweise war der Fisch immer einer der ersten beim Fressen, nun kommt er nur zaghaft oder gar nicht mehr.

✔ Gelegentliches Scheuern am Boden oder Springen im Teich, vor allem kurz nach der Fütterung, ist durchaus normal. Häufiges Scheuern ist meist ein Hinweis auf Hautparasiten.

✔ Starke Veränderung der Atemfrequenz, ohne daß zuvor Veränderungen am Teich vorgenommen wurden, kann auf eine Schädigung der Kiemen hinweisen.

✔ Heftiges Luftschnappen an Wassereinläufen oder gar an der Teichoberfläche zeigt oftmals Sauerstoffmangel an.

✔ Schwimmen mit der Stömung und dicht an den Körper gelegte Brustflossen sind ein Grund zur Sorge.

Führen Sie einen Reaktionstest durch: Schwimmt ein Koi nur langsam und läßt sich mit der Strömung treiben, so klatschen Sie ganz in seiner Nähe in die Hände, oder machen Sie eine rasche Bewegung. Der Fisch sollte dann erschrecken und wegschwimmen. Bleibt er aber desinteressiert, rate ich zu einem Tierarztbesuch.

Kois lieben es, gegen eine leichte Strömung an einem sanft plätschernden Wassereinlauf zu stehen.

DOLMETSCHER

Wenn Sie Ihre Kois verstehen wollen, müssen Sie ihr Verhalten richtig deuten können.

☞ ***Dieses Verhalten zeigen die Kois.***

? ***Was wollen die Kois damit ausdrücken?***

! ***So reagiere ich richtig auf ihr Verhalten.***

☞ Ein Koi frißt aus der Hand.

? Er ist sehr zutraulich.

! Er fühlt sich in seiner Umgebung wohl.

☞ Kois schwimmen durch künstliches Laichgras.

? Sie zeigen Bereitschaft zum Ablaichen.

! Dies ist ein natürliches Verhalten im Frühjahr.

☞ Ein neu eingesetzter Koi wird von einem anderen gestupst.

? Dadurch lernen sich die Kois kennen.

! Das Verhalten ist normal. Nichts dagegen unternehmen.

☞ Ein Koi schnappt an der Wasseroberfläche nach Luft.

? Der Sauerstoffgehalt des Teichwassers ist zu gering.

! Technische Anlage überprüfen und gegebenenfalls Filter säubern.

Ein Koi läßt sich kraulen.

? Der Fisch fühlt sich wohl.

! Die Haltungsbedingungen sind in Ordnung.

Ein Koi knabbert an der Randbepflanzung.

? Dies ist ein spielerisches Verhalten.

! Es zeigt, daß der Fisch ausgeglichen ist.

Zwei Kois gründeln.

? Die Fische suchen am Boden nach Freßbarem.

! Dies ist ein normales Verhalten.

Die Kois balgen sich um das Futter, sie sind extrem hungrig.

? Bei zu wenig Futter kommt Futterneid auf.

! Sie brauchen häufiger größere Futtermengen.

Zucht und Vermehrung

Die Zucht und Vermehrung spielt in der privaten Koihaltung nur eine sekundäre Rolle.
Bei den Kois wird sehr geschätzt, daß sie sich nicht gar so rasant vermehren wie zum Beispiel Goldfische.
Bei der natürlichen Vermehrung im Koiteich entstehen leider nur Tiere mit minderer Qualität. Sehen sie als kleinere Fische oft lustig und nett aus, so bekommen sie mit zunehmendem Alter meist viele kleine, schwarze Flecken, auch »Shimmi« genannt. Außerdem entspricht die Körperform bei weitem nicht der eines guten Koi, sondern erinnert an den hochrückigen Speisekarpfen. Da die größeren Weibchen jedoch alljährlich Eier produzieren, müssen Sie auf jeden Fall eine Möglichkeit für das Ablaichen schaffen. Es kann sonst zur Laichverhärtung kommen. Praktisch und einfach ist für diesen Zweck künstliches Laichgras, das nach dem Laichen leicht wieder entnommen werden kann.
Laicht das eine oder andere Weibchen nicht ab (vorausgesetzt, es ist nicht extrem dick), so können sie zur Not den im Bauch befindlichen Laich selbst wieder abbauen.

Die professionelle Koizucht

An dieser Stelle möchte ich Ihnen nun trotzdem einen kleinen Einblick in die professionelle Koizucht geben.
Die Weibchen sind mit etwa 3 bis 4 Jahren geschlechtsreif, Männchen schon im Alter ab 2 bis 3 Jahren. Der erstproduzierte Laich von jungen Weibchen ist meist von minderer Qualität und sollte nicht erbrütet werden. Die Weibchen be-

Drei Männchen verfolgen ein laichbereites Weibchen, kenntlich am dicken Bauch.

ginnen bereits im Vorjahr des eigentlichen Laichens Eier zu produzieren, die in den folgenden Wintermonaten durch leichte Wölbungen am hinteren Bauchteil zu erkennen sind.
Die Anzahl der Eier beträgt pro Kilogramm Körpergewicht zwischen 200 000 und 500 000 Stück. Kurz vor dem Ablaichen, ungefähr Mitte bis Ende Mai bei Wassertemperaturen ab 20 °C, sind die Weibchen dann prall gefüllt mit Eiern, die Geschlechtsöffnung wölbt sich etwas nach außen und ist stark durchblutet.
Nun sucht der Züchter aufgrund von Erfahrungswerten ganz bestimmte Paare aus speziellen Blutlinien aus, die gut zueinander passen, und setzt sie in speziell vorbereitete Laichbecken. Durch die Umgebungsveränderung und leichte Temperaturerhöhung beginnen die Kois meist schon am nächsten Morgen mit dem Ablaichen. Bevorzugte Laichzeit dieser Fische ist bereits ab 4 Uhr morgens, etwa gegen 7 Uhr sind sie meist fertig.
Beim Ablaichen treiben die Männchen die Weibchen vor sich her, diese schwimmen dann durch das Laichgras. Unter ruckartigem Losschwimmen geben sie ihre Eier ab. Der Laich ist sehr stark klebrig und heftet sich auf dem Gras fest. Das nachschwimmende Männchen gibt dann seinen Samen über die Eier. 10 bis 20 Minuten später quellen die befruchteten Eier auf etwa 1,5 mm Durchmesser auf.
Nach dem Ablaichen werden die Elterntiere sofort aus dem Becken genommen, um eine Beschädigung oder ein Auffressen der Eier zu vermeiden.

Entwicklung der Jungfische

Einen Tag nach dem Ablaichen kann man bereits die Augenpunkte in den Eiern erkennen. Zu diesem Zeitpunkt kann man ein wenig Malachitgrünoxalat in das Wasser geben, um einem Verpilzen der Eier vorzubeugen.
Wenn alles gut geht, schlüpfen die etwa 3 bis 4 mm langen Fischlarven schon nach einigen Tagen aus. Die Brütlinge schwimmen an die Wasseroberfläche, um ihre Schwimmblase mit Luft zu füllen. Anfangs ernähren sie sich ausschließlich von ihrem Dottersack. Wenn ungefähr zwei Drittel des Dottersackes verbraucht sind, wird mit der Zufütterung von feinstem Plankton begonnen. Hobbyzüchter können anstelle von Plankton auch zerdrücktes Eigelb und später Salinenkrebse (im Zoofachhandel erhältlich) füttern.
Nach der 3. bis 4. Woche können Sie ein spezielles Aufzuchtfutter verabreichen. In den ersten 1 bis 2 Monaten sollten Sie auf die Fütterung von Plankton nicht verzichten.
In Japan beginnt bei der Koizucht nun schon die erste Selektion. In diesem frühen Stadium ist sie sehr schwierig und setzt ein gutes Kennerauge voraus. Viele weitere Aussortierungen folgen dann in geringen Zeitabständen.
Im Herbst sollten die kleinen Kois bereits eine Länge von 10 bis 15 cm erreicht haben. Dann werden sie erstmals zum Verkauf angeboten. Die wenigen vielversprechenden „Tategois" (Kois mit hohem Zukunftspotential) bleiben jedoch in der Obhut der Züchter oder werden mit hohen Preisen gehandelt.
Elternfische, die gut harmonieren und bereits besonders hochwertigen Nachwuchs hatten, werden über viele Jahre immer wieder beim Laichen zusammengeführt. Sie sind für japanische Züchter ein großes Kapital, denn sie mußten als Ergebnis vieler Fehlversuche erst einmal gefunden werden.
Es gibt mittlerweile verschiedene praktikable Möglichkeiten der Nachzucht, doch diese oben beschriebene Methode wird in Japan von vielen sehr guten Koizüchtern angewendet, führt meist zu großem Erfolg und kann leicht nachgemacht werden.

REGISTER

Die halbfett gesetzten Seitenzahlen verweisen auf Farbfotos und Zeichnungen.

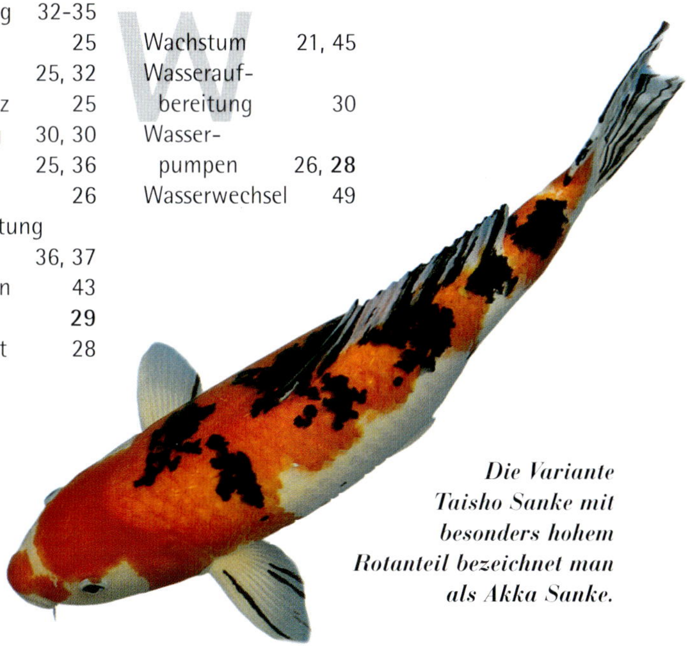

Die Variante Taisho Sanke mit besonders hohem Rotanteil bezeichnet man als Akka Sanke.

ADRESSEN

Adressen, die weiterhelfen

• Verband Deutscher Vereine für Aquarien- und Terrarienkunde e.V. (VDA), Geschäftsstelle: Hans und Ingrid Stiller, Luxemburger Str. 16, D-44789 Bochum www.vda-online.de
Hinweis: Der VDA gibt Auskunft über aktuelle Adressen von Aquarienverbänden in Ihrem Wohnbereich, hilft weiter bei Vermittlung von Kontakten (z.B. Hilfe bei Fischkrankheiten, Beschaffung von seltenen Fischen).

• Bundesverband für fachgerechten Natur- und Artenschutz e.V. (BNA), Postfach 1110, D-76707 Hambrücken www.bna-ev.de
Hinweis: Dachverband der Vereine und Verbände der privaten Tierhalter. Vertritt deren Interessen v.a. bei Belangen der Artenschutzgesetzgebung.

• Fischcare
Dr. Lechleiter, Fachtierarzt für Fische, Forststr. 180, D-70193 Stuttgart

• Österreichischer Verband für Vivaristik und Ökologie, Landesverband Niederösterreich, Richard Pfister, Langenlebarnerstr. 50, A-3430 Tulln

• Verband Zoologischer Fachgeschäfte der Schweiz VZFS, Güterstr. 199, CH-4053 Basel
www.zfs.ch

Verzeichnis von Fischgesundheitsdiensten

• Baden-Württemberg
Fischgesundheitsdienst am Chemischen und Veterinäruntersuchungamt, Schaflandstr. 3/3, D-70736 Fellbach

• Bayern
Institut für Zoologie, Fischereibiologie und Fischkrankheiten der Tierärztlichen Fakultät, LMU München, Kaulbachstr. 37, D-80539 München

• Hessen
Fischgesundheitsdienst im Staatlichen Medizinal-, Lebensmittel- und Veterinäruntersuchungsamt Mittelhessen, Marburger Str. 54, D-35396 Gießen

• Mecklenburg-Vorpommern
Staatliches Veterinär- und Lebensmitteluntersuchungsamt Frankfurt/Oder-Markendorf, Fischgesundheitsdienst, Ringstr. 1030, D-15236 Frankfurt/Oder

• Niedersachsen
(gilt auch für Bremen, Hamburg, Schleswig-Holstein)
Staatlicher Fischseuchenbekämpfungsdienst Niedersachsen und Fischgesundheitsdienst, Eintrachtweg 17, D-30173 Hannover

• Nordrhein-Westfalen
Fischgesundheitsdienst, Heinsbergerstr. 53, D-57399 Kirchhundem-Albaum

• Rheinland-Pfalz und Saarland
Fischgesundheitsdienst am Landesveterinäruntersuchungsamt, Blücherstr. 34, D-56073 Koblenz

• Sachsen-Anhalt
Landesveterinär- und Lebensmitteluntersuchungsanstalt, Fischgesundheitsdienst, Haferbreiter Weg 132 bis 135, D-39576 Stendal

• Thüringen
Fischgesundheitsdienst am Thüringer Landesamt für Lebensmittelsicherheit und Verbraucherschutz, Tennstedter Str. 9, D-99947 Bad Langensalza

Bezugsquelle für japanische Kois

SAKANAYA Bodensee, Fischwirtschaftsmeister Richard Hilble, Waldhornstr. 8, D-88677 Markdorf

SAKANAYA München, Fischwirtschaftsmeister Robert Hilble, Geiselwieser Str. 2, D-85235 Sittenbach-Odelzhausen

Fragen zur Aquaristik beantworten

Ihr Zoofachhändler und der Zentralverband Zoologischer Fachbetriebe Deutschlands e.V., Rheinstraße 35, D-63225 Langen, Tel. 06103/910732 (nur telefonische Auskunft möglich) www.zzf.de

Bücher, die weiterhelfen

(falls nicht im Buchhandel, dann in Bibliotheken erhältlich)

• Amlacher, E.: Taschenbuch der Fischkrankheiten. Gustav Fischer Verlag, Jena.

• Baensch, H., K. Paffrath, L. Seegers: Gartenteich-Atlas. Mergus Verlag GmbH, Melle.

• Stadelmann, P.: Gartenteiche. Gräfe und Unzer Verlag, München.

- Teichfischer, B.: Koi in den schönsten Wassergärten. Döhne Verlag, Ettlingen.
- Koi - König der Gartenteiche. Tetra Verlag GmbH, Münster.

Zeitschriften, die weiterhelfen

DATZ Aquarien- und Terrarien-Zeitschrift Ulmer Verlag, Stuttgart

Das Aquarium Birgit Schmettkamp Verlag, Bornheim

Aquarium live bede Verlag, Ruhmannsfelden

Aquaristik Fachmagazin und *Aquarium heute* Tetra Verlag, Bissendorf-Wulften

Der Autor

Richard Hilble ist Fischwirtschaftsmeister. Seit 1988 hat er sich ausschließlich dem Bereich Koi zugewendet - mit Haltung, Import aus Japan und Verkauf. 1990 gründete er die Firma SAKANAYA Bodensee. Durch seine langjährige Erfahrung in der Koihaltung besitzt er fundiertes Wissen über die Fische sowie über Bau und Wartung von Teich und Filteranlagen.

Die Fotografin

Die Fotos in diesem Buch stammen von Christine Steimer, mit Ausnahme von:
Kahl: Seite U1 (kleines Foto), 57 o.li.;
Peither: Seite 9, U4.
Christine Steimer arbeitet seit 1985 als freie Fotografin. Sie hat sich 1989 auf Tierfotografie spezialisiert.

Der Zeichner

György Jankovics ist ausgebildeter Grafiker und studierte an den Kunstakademien von Budapest und Hamburg. Er zeichnet für eine Reihe angesehener Verlage Tier- und Pflanzenmotive. Auch für die GU Redaktion Natur hat er bereits viele Titel illustriert.

Wichtige Hinweise

In diesem Ratgeber sind elektrische Geräte für die Teichpflege beschrieben. Beachten Sie unbedingt die Sicherheitsvorschriften der Hersteller, da es sonst zu schwerwiegenden Unfällen kommen kann.
Fischmedikamente und andere Mittel zur Behandlung der Fische und des Wassers sind vor Kindern zu sichern. Ätzende Chemikalien dürfen nicht mit Augen, Schleimhäuten oder Haut in Berührung kommen.

An unsere Leserinnen und Leser

Wir freuen uns, Ihre Meinung zu diesem TierRatgeber zu erfahren. Bitte schreiben Sie uns, wenn Sie Berichtigungen und Ergänzungsvorschläge haben oder wenn Ihnen etwas besonders gut gefällt.

Gräfe und Unzer Verlag
Redaktion Natur
Stichwort: TierRatgeber
Postfach 860366
D-81630 München
Fax: 089/41981-113
E-Mail: leserservice@graefe-und-unzer.de

Fotos: Buchumschlag und Innenteil

Umschlagvorderseite: Koi der Farbvariante Kujaku (großes Foto). Koi der Farbvariante Asagi (kleines Foto).
Umschlagrückseite: Koi der Farbvariante Ogon.
Seite 1: Im japanischen Stil gestalteter Koiteich.
Seite 2/3: Koi der Farbvariante Kohaku.
Seite 4/5: Zwei Kois beim Fressen, links Farbvariante Ginrin Kohaku, rechts Farbvariante Showa Sanshoku.
Seite 6/7: Koi frißt aus der Hand.
Seite 64: Verschiedene Farbvarianten: links Shusui, rechts Ginrin Kohaku.

Impressum

Redaktion: Anita Zellner
Lektorat: Angelika Lang
Umschlaggestaltung und Layout: Heinz Kraxenberger
Zeichnungen: György Jankovics
Herstellung: Heide Blut/ Gabie Ismaier
Satz: Heide Blut
Produktion: Fotolito Longo
Druck und Bindung: Stürtz

ISBN 3-7742-3050-1

Auflage 8. 7. 6.
Jahr 2005 04 03

EXPERTEN-RAT

1 Kann ich einen Koi das ganze Jahr über im Teich lassen?

Ja, wenn dieser ausreichend groß ist und vor allem eine Mindesttiefe von 1,50 m aufweist. Außerdem müssen Sie den Teich über die Wintermonate abdecken.

2 Wie alt kann ein Koi werden?

Es gibt viele verschiedene Altersangaben für den Koi. Ich bin jedoch der Meinung, daß 30 bis 40 Jahre eine reelle Zahl ist.

3 Wieviele Kois sollten im Teich zusammen gehalten werden?

Kois sind gerne in Gesellschaft mit ihresgleichen. Deshalb sollten Sie mindestens 3 bis 4 Fische zusammen halten.

4 Wie oft und wieviel soll gefüttert werden?

Füttern Sie täglich immer nur soviel, wie Ihre Kois innerhalb von 5 Minuten fressen. Wiederholen Sie die Fütterung bei warmen Temperaturen noch einmal.

5 Müssen genauso viele Männchen wie Weibchen zusammen gehalten werden?

Nicht unbedingt. Jedoch sollten Weibchen immer mit Männchen gehalten werden. Männchen können auch ohne Weibchen auskommen.